靈魂占卜

讀懂你的靈魂使命，
與真正重要的事物連結，擁有幸福體質。

魂占い
Soul Divination

影下真由子——著
何姵儀——譯

人生在世，任誰每年都會迎接生日的到來。這是身為「人類」的你誕生在這個世界的日子。既然如此，那麼你可曾想過一件事？「出生之前的你，身在何處？」你原本身在一個「安心無虞」的世界，叫做天堂的地方。而靈魂占卜，是一種能喚起天堂時期點滴回憶的占卜法。

天堂好比「一朵欣欣向榮的大花朵」，而你，就像從這朵花中齊向天空飛翔的蒲公英花絮，緩緩來到了地球上。

腦海裡的記憶或許蕩然無存，但你確實曾經身為那巨大花朵的一小部分，飄飄然地來到這個「未知的世界」，而且就只有你一個人。想必非常孤單，也相當地不安。

沒錯。生日不只是一件「值得慶祝的事」，因為這天也是你孑然一身的日子。誕生之前的你，原本一直與柔軟舒適、安心平靜又幸福的「某個東西」在一起。大家身體靠攏，緊緊相擁在一起。

生活之所以會讓人感到焦慮不安，應該是你想起了出生前的那段記憶。

人若是突然陷入孤獨，恐怕會在黑暗中迷路。「當初不該來到這人世的！」如此想法，說不定還曾纏繞你心頭。不過，有件事是肯定的。那就是決定來到這人世的無疑是你自己。

你的靈魂十分渴望「離開這朵盛開的花隨風飛翔」。或許你會問：「為什麼要煞費苦心遭受折磨？」那是因為你想要成為一朵自由的花，恣意綻放。既然如此，那就讓我們變成一朵含苞待放的花，而不是讓這輩子成為天堂這巨大花朵的一部分。

沒錯，這就是出生前的你在心中立下的誓言，也是你非得隨風降落地面的原因。誕生在這個世界時，以往的記憶會全都留在天堂的「巨大花朵」裡。這麼做是為了在世界好好感受、好好感動。

「感動」是這個世界讓花朵恣意盛開的養分。不管是發現無數的新鮮事物，還是互相交換那份無窮無盡的愛，只要擁有這樣的感動，就能讓鮮花綻放在這個世界上。

因此，我們只要心淨如白紙就好，「不需了解什麼，也不需明白什麼」。所以我才會說，其實你早就已經知道讓自己幸福的方法，只是忘記罷了。一一喚起那些回憶，就是你在地球上想做的事。即使身在地球，也要履行在天堂所做的承諾，再次達到名為「幸福」的目標，就是你靈魂心中的願望。

好了，該回去了。回到屬於你的幸福世界。回到靈魂渴望的地方吧。

Contents

CHAPTER 2
內在靈魂結晶——J1

CHAPTER 3
聚光稜鏡——J2

CHAPTER 4 洞察未來之眼——J3

CHAPTER 5 睿智之樹——J4

CHAPTER 6 編織神話之手——Ｍ１

CHAPTER 7
映照愛之泉──M2

CHAPTER 8
連繫光明與黑暗的絲帶──M3

CHAPTER 11 解封者——JM1

CHAPTER 12

跨越沙漠彩虹——JM2

前言

「靈魂占卜」不是為了預測幸福，而是為了重拾幸福的占卜方式

我們通常會將「生日」視為「開始之日」。也就是來到這個世界開啟人生的日子。然而這樣的想法其實對錯參半。

因為誕生的這一天既非開始，也不是結束，而是「開始」與「結束」共存的日子。換句話說，所謂的「我」，處在彼世與此世的交界點上。而你的靈魂——說來或許奇妙——卻一直存活在生日前後的這兩個世界之間。

不僅如此，在「生日」這一刻到來之前，我們其實過著無憂無慮、毋須在意他人眼光的生活，任誰都能無拘無束、幸幸福福地「做自己」。

沒錯，你的靈魂總是滋養又豐沛。所謂的彼世——即天堂，就是一個讓人感到安心又安全的世界。所以我們才會在這本書的開頭，把天堂比喻成「一朵盛開的花朵」。

「生日」的那一刻，是我們誕生在此世的日子。但我們不僅忘了那個曾經幸福的自己，還因為踏上這趟「人生之旅」而陷入徬徨之中。意味著過了「生日」這條分界線之後，原本不需付出任何代價，就能讓靈魂得到滋養的安心感與安全感將會斷糧。而剪掉與母親連繫的臍帶，降臨於人世這件事，更是此事的象徵。

很抱歉才剛開始，就告訴大家這個令人失望的消息。但是，別立刻感到氣餒。我們的生命原本就很幸福、充實。若能說出這樣的話，在想起出生前的自己之後，幸福就會降臨於我們身上！本書的書名《靈魂占卜》，正是讓人憶起幸福時光的占星術。

至於要怎麼做才能喚起這些回憶呢？那就是知道如何讓靈魂與這個世界的「某個東西」連繫，發揮本領，並且試圖在這個地球上創造一個可媲美天堂的世界！

舉例來說，「水」若與「木」連繫，就會誕生「全新的森林」；「木」若與「火」連繫，就會化為灰燼，孕育出「新的地球」；「火」若與「土」連繫，就能創造「新的器皿」。

所謂孤掌難鳴。但如果與「另一個」適當的事物相互連繫，便能創造出全新的生命。簡單來說，**讓靈魂發揮本領的關鍵，在於「建立關係」**。

如前所述，最重要的是與「某個東西」相互連繫。但並不是隨手把東西湊在一起。「水」若是毫無防備地與「火」放在一起就會蒸發；「火」若是與大量的「水」在一起就會熄滅；「微風」若被「大地」包圍，就會失去自由。

幸與不幸往往在一線之間。不過，只要與「某個東西」連繫得當，就可以扭轉此世的未來。為此，本書會根據生日當天的星座配置，告訴大家「自己該與什麼連繫」，好讓每個人都能想起曾經有過的美好時光。

具體來說，與「某個事物」的連繫可以分為大致下列六個：

1. 與「自己」連繫（與自我建立關係，找回幸福）
2. 與「他人」連繫（與他人建立關係，找回幸福）

3.與「場所」連繫（在自己和他人所產生的空間中建立關係，找回幸福）
4.與「世界」連繫（在形成於兩個空間之中的世界裡建立關係，找回幸福）
5.與「時代」連繫（與超越時空的時代建立關係，找回幸福）
6.與「靈性」連繫（與超越時空的靈性建立關係，找回幸福）

當然，現階段只要對這六個要素有粗略的概念，知道「原來有這麼一個東西存在」就好。接下來，要運用一個特殊的手法，將這六個要素與星座結合在一起，並且一一為大家揭曉那些我們曾在天堂許下的「靈魂承諾」。總共有11種類型。

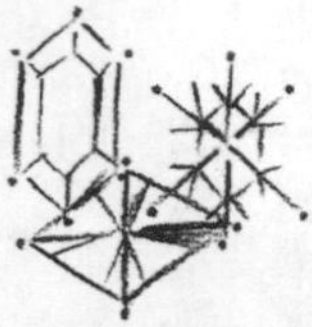
內在靈魂結晶

睿智之樹

連繫光明與黑暗的絲帶

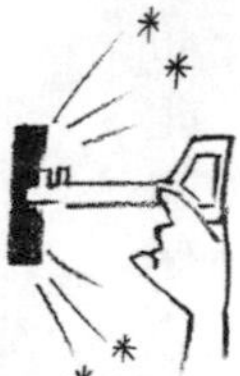
解封者

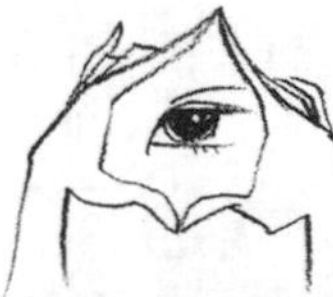

洞察未來之眼

聚光稜鏡

映照愛之泉

編織神話之手

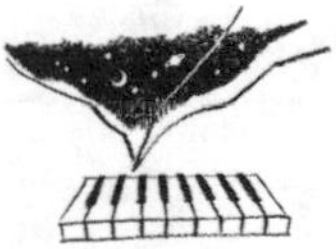

演奏宇宙之音的鋼琴

跨越時光之海的船舶

跨越沙漠彩虹

下一頁開始的〈靈魂占卜的方法〉會提及一些具體方法，好讓大家想起過去我們在天堂許下的靈魂願望。

靈魂占卜的方法

事不宜遲，讓我們開始占卜靈魂吧。

雖說要占卜，但是需要的資料卻只有你的生日（幾月幾日）。因為這相當於「生死環節的生日」，已經塞滿了所有相關訊息。也就是說，有了生日，就能知道我們在這個世界上想與「什麼東西」連繫、必須和「哪些事物」連繫才能重拾幸福。

但在正式占卜之前，有兩點要注意。先解釋一下「靈魂占卜」與其他占卜術的相異之處。

「靈魂占卜」是以我擅長的西洋占星術為基礎，但要提醒大家，這是一種有別於以往的占卜術。儘管如此，那些在日本國內外占星術上具有歷史地位的研究家及實踐家所付出的偉大貢獻，依舊值得尊敬。

雖然基本概念都是太陽星座（十二星座），不過，我所提出的分類方法與主流的十二星座占卜術略有不同。這絕對不是在否定十二星座，而是身為筆者的我將十二星座投射在「重拾幸福的占卜術」這個世界觀上。關於這點，請大家諒解。

還有一點。就算大家讀到與自己有關的部分，坦白說，剛開始可能會無法理解。因為「靈魂占卜」的目的不是為了猜測你的過去，而是要讓你想起平時忘記的那個幸福的自己。

總之，試著把自己當成在彼世與此世之間來來去去的存在，好好思考身在地球的我們，要如何尋回曾在天堂體驗過的連繫，並且以此為主軸，解讀自己的使命。就算表面上沒有察覺到情況，內心深處的某個角落應該也會略有感應。而對於那些已經活出靈魂真諦的人來說，應該也能更加安心地做自己，因為「這樣的我其實也很好」。

希望大家在翻閱這本書時，能夠體會到靈魂想要傳遞的那份細膩又明確的感受。事不宜遲，先讓我們在下一頁的表格中，找出自己的出生月份與出生日重疊的那一格。

先從表格找出自己的出生月份與出生日交會處所寫的代號。

	1月	2月	3月	4月	5月	6月	7月	8月	9月	10月	11月	12月
1日	J4	M4	M5	J1	J1	M1	M2	J2	J2	M3	JM1	J3
2日	J4	M4	M5	J1	J1	M1	M2	J2	J2	M3	M3	J3
3日	J4	M4	M5	J1	J1	M1	M2	J2	J2	M3	M3	J3
4日	J4	JM2	M5	JM1	J1	M1	M2	J2	J2	M3	M3	J3
5日	JM2	JM2	JM2	JM1	JM1	JM1	M2	J2	J2	M3	M3	J3
6日	JM2	JM2	JM2	JM1	JM1	JM1	M2	J2	J2	M3	M3	J3
7日	JM2	JM2	JM2	JM1	JM1	JM1	JM1	JM1	JM1	M3	JM2	JM2
8日	JM2	JM2	JM2	JM1	JM1	JM1	JM1	JM1	JM1	JM2	JM2	JM2
9日	JM2	M4	JM2	JM1	JM1	JM1	JM1	JM1	JM1	JM2	JM2	JM2
10日	J4	M4	M5	J1	J1	JM1	JM1	JM1	JM1	JM2	JM2	JM2
11日	J4	M4	M5	J1	J1	M1	JM1	JM1	JM1	JM2	JM2	JM2
12日	J4	M4	M5	J1	J1	M1	M2	J2	J2	JM2	M3	J3
13日	J4	M4	M5	J1	J1	M1	M2	J2	J2	M3	M3	J3
14日	J4	M4	M5	J1	J1	M1	M2	J2	J2	M3	M3	J3
15日	J4	M4	M5	J1	J1	M1	M2	J2	J2	M3	M3	J3
16日	J4	M5	M5	J1	J1	M1	M2	J2	J2	M3	M3	J3
17日	JM2	M5	JM2	J1	J1	M1	M2	J2	J2	M3	M3	J3
18日	JM2	M5	JM2	J1	JM1	M2	M2	J2	J2	M3	M3	J3
19日	JM2	M5	JM2	J1	JM1	M2	JM1	J2	J2	M3	JM2	J4
20日	M4	M5	J1	J1	JM1	M2	JM1	J3	J3	M3	JM2	J4
21日	M4	M5	J1	J1	M1	M2	JM1	J3	J3	M3	JM2	J4
22日	M4	M5	J1	J1	M1	M2	J2	J3	J3	M3	J3	J4
23日	M4	M5	J1	J1	M1	M2	J2	J2	M3	JM1	J3	J4
24日	M4	M5	J1	J1	M1	M2	J2	J2	M3	JM1	J3	J4
25日	M4	M5	J1	J1	M1	M2	J2	J2	M3	JM1	J3	J4
26日	M4	M5	J1	J1	M1	M2	J2	J2	M3	JM1	J3	J4
27日	M4	M5	J1	J1	M1	M2	J2	J2	M3	JM1	J3	J4
28日	M4	M5	J1	J1	M1	M2	J2	J2	M3	JM1	J3	J4
29日	M4	M5	J1	J1	M1	M2	J2	J2	M3	JM1	J3	J4
30日	M4	M5	J1	J1	M1	M2	J2	J2	M3	JM1	J3	J4
31日	M4	M5	J1	J1	M1	M2	J2	J2	M3	JM1	J3	J4

在STEP 1找到代號之後，查看左側列表，確認對應的類型。

代號	類型	
J1	內在靈魂結晶	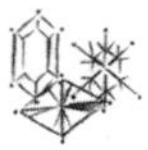
J2	聚光稜鏡	
J3	洞察未來之眼	
J4	睿智之樹	
M1	編織神話之手	
M2	映照愛之泉	
M3	連繫光明與黑暗的絲帶	
M4	跨越時光之海的船舶	
M5	演奏宇宙之音的鋼琴	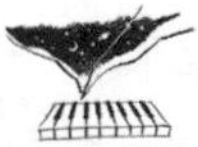
JM1	解封者	
JM2	跨越沙漠彩虹	

以生日是6月15日的人為例，對照圖表之後找到的代號是「M1」。M1對應的類型是「編織神話之手」，這就是你「重拾幸福的方法」，也是你在此世的使命名稱。

不過接下來，我想先為對於「為什麼靠出生的月份及日子就能確定使命？」感到好奇的人，特別分享一下「靈魂占卜」的祕密。如果你對這個有點複雜的話題興趣缺缺，可以跳過此部分，直接從第32頁開始。

但是若能耐住性子翻閱下去，對於靈魂和使命說不定會有更深的了解。

表格中的11種使命名稱，是根據「你的靈魂基本型」（三種）以及在前言中提到的「靈魂連繫之物」（六種）交會而來的結果。

靈魂的三種基本型如下：

1 自我軸心型

在十二星座當中，屬於火象星座或土象星座的人

靈魂屬於這種類型的人，在與此世的某個事物建立關係時，通常都會極度渴望彼此能保持獨立。因此，這種靈魂類型（J1～J4）的共同點為：

- 不懂得察言觀色，不懂也沒關係
- 獨立自主精神強烈
- 自我釋懷比較重要

若是有人覺得，現在的你「太過在意他人感受，對於察言觀色感到疲憊不堪」的話，那就代表你的努力方式已經違背了靈魂的期望。如果你也有所同感，不妨試著對自己說：「我不需要察言觀色。不懂也沒關係。」只要這麼做，應該有不少人會覺得靈魂已經得到了一些解放。

2 自我圓心型

在十二星座當中屬於風象星座或水象星座的人

靈魂屬於第二種類型的人，會主動藉由「外在事物」或「某種連繫」來讓人生更豐富，並在周遭的影響之下慢慢察覺自己的個性。這種類型的人最常遇到的煩惱，就是「覺得自己沒有自我」。但從靈魂的立場來看，這是一個出於選擇、刻意為之的舉動，因此大家無須煩惱。

至於這種靈魂類型（M1～M5）的共同點，包含：

- 有時會不自覺地過度解讀對方的想法或當場的氣氛，但這也是一種天賦
- 在不同的環境及邂逅的影響之下成長
- 重視與周遭的和諧
- 會根據周圍的反應，慢慢意識到自己的獨特性。

「你想成為什麼樣的人？」此類型的人若是遇到這個問題，或許無法給對方

一個直接有力的答案，但在考量旁人的需求時，卻能實現你自我內心真正渴望的目標。

這種情況就好比不是單一偶像，而是團體偶像的ＡＫＢ，正因為身處在群體之中，所以才有辦法意識到並展現出自我的特色與個性。

3 自我軸心與自我圓心的混合型

出生時期容易混入所屬星座以外，也就是其他十二星座要素的人

倘若「自我軸心型」屬於較為主觀的個性，「自我圓心型」較為客觀的話，那麼混合型就是「在主客觀之間來來去去的類型」。換句話說，這意味著混合型的靈魂必須在「奠定自我風格」及「重視互動關係」之間游移。

如此一來，他們所肩負的使命之關鍵字，便會在於「變革與進化」。除了自己的人生，混合型的靈魂也會為世界帶來全新的價值觀，並且扮演著促使進化與變革的角色。

此外，混合型還可以再分為兩種。一種是「內在世界」，也就是與「自我、他人、場所」這個日常世界連繫；另一種則為「外在世界」，也就是與「世界、時代、精神」這個略微超乎日常的世界連繫，以便重拾幸福。

那麼要如何利用這三種靈魂的基本型進行「靈魂占卜」呢？以剛才的6月15日為例，這天出生的人之靈魂基本型是「自我圓心型」。再對照前言介紹的六大要素，就會查到他重拾幸福的方法，必須與「自我」連繫。此時，若將其靈魂所屬的基本型，也就是「自我圓心型」和想要連繫的「自我」組合，就能推算出11種使命當中的「編織神話之手」。

而所有的靈魂基本型與想要連繫的要素組合如下。

J1～J4的靈魂基本類型是「自我軸心型」，與要素組合之後分為以下這四種。

- 自我軸心型的靈魂×與「自我」結合↓—**J1**—**內在靈魂結晶**
- 自我軸心型的靈魂×與「他人」結合↓—**J2**—**聚光稜鏡**
- 自我軸心型的靈魂×與「世界」結合↓—**J3**—**洞察未來之眼**
- 自我軸心型的靈魂×與「時代」結合↓—**J4**—**睿智之樹**

M1～M5的靈魂基本類型是「自我圓心型」，與要素組合之後分為以下這五種。

- 自我圓心型的靈魂×與「自我」結合↓—**M1**—**編織神話之手**
- 自我圓心型的靈魂×與「場所」結合↓—**M2**—**映照愛之泉**

● 自我圓心型的靈魂×與「世界」結合↓「M3」**連繫光明與黑暗的絲帶**

● 自我圓心型的靈魂×與「時代」結合↓「M4」**跨越時光之海的船舶**

● 自我圓心型的靈魂×與「靈性」結合↓「M5」**演奏宇宙之音的鋼琴**

JM1～JM2的基本靈魂類型是「自我軸心與自我圓心的混合型」，進一步可分為下列這兩種。

● 軸心與圓心混合型的靈魂×與「內在世界[1]」結合↓「JM1」**解封者**

● 軸心與圓心混合型的靈魂×與「外在世界[2]」結合↓「JM2」**跨越沙漠彩虹**

如前所述，只要透過靈魂占卜，就能知道身在地球上的我們，要如何尋回曾在天堂擁有的連繫，並將「為了重拾幸福」所須付出的努力，定義為每個人此生的「使命」。

好了。接著就讓我們來好好介紹，透過靈魂占卜推論出的11種靈魂類型，以及其各自的使命。

1「自我」、「他人」、「場所」的總稱。

2「世界」、「時代」、「靈性」的總稱。

11種靈魂使命

接下來要簡單介紹剛才推算出來的11種靈魂使命。

J1 內在靈魂結晶

讓「自我軸心型」的靈魂×與「自我」結合，以重拾幸福使命

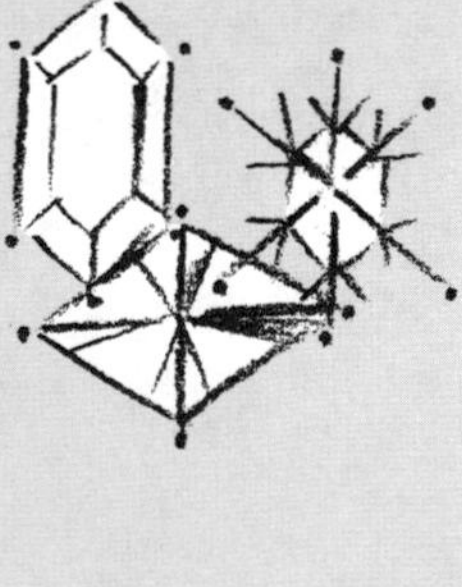

你這輩子要努力完成的使命，就是「靠自己發現的真相，自由引領世界」。

肩負這個使命的你，屬於自我軸心型，只要與「自我」連繫，幸福就會回到你身旁。無論從哪個角度看，自我軸心×「自我」，代表在這11種類型的靈魂當中，你比任何人都還要注重「自己」與「我」。

也就是說，真相在你心裡存於自我的意志力、直覺與感覺之中。若要重拾幸福，勢必要與自己攜手前進，而不是依靠他人，這才是最重要的。

我們可以說，不斷精進磨練你認為正確的直覺與美感，即為你的使命。

人生在世，你往往會覺得「先行動再說」，或「待回神時已下定決心，做出了選擇」，不過此時的你，應該已經拾回了幸福。而你的內在靈魂結晶，也會越顯堅強，閃亮璀璨。

「內在靈魂結晶」的代表人物

- 威廉・莎士比亞（William Shakespeare，以《羅密歐與朱麗葉》等作品而聞名的劇作家），1564年4月26日出生（受洗日）
- 唐鳳（台灣數位發展部部長，以協力推出口罩地圖而聞名），1981年4月18日出生

- 馬克・祖克柏（Mark Zuckerberg，社群網站 Facebook 創辦人），1984年5月14日出生
- HIKAKIN（YouTuber），1989年4月21日出生
- 秋元康（節目總企劃、作詞家、製作人、AKB成立人），1958年5月2日出生

J2 聚光稜鏡

讓「自我軸心型」的靈魂×與「他人」結合，以重拾幸福爲使命

你這輩子要努力追求的使命，就是「蒐集喜悅」。

不管是什麼事，關鍵皆在於「喜悅」，亦可替換成「樂趣」、「感動」或「幸

福」。

喜悅，對自己來說固然重要，但是蒐集「他人的喜悅」也不容忽視，因為喜悅會以你為軸心聚集而來。雖然你是個以自我為軸心的靈魂，卻要與他人建立關係的原因就在於此。

當你覺得「只要看到別人開心，就會感到幸福不已」、「明明只是在做喜歡的事，卻發現自己好像給許多人帶來了勇氣」，此時此刻，代表幸福已經慢慢回到你身旁了。

只要透過這樣的生活方式，便可以為自己準備一個無人能替代的舞台。只要你一站上這個舞台，就能為眾人帶來勇氣。

不僅如此，從你身上得到勇氣的人也會熠熠生輝，進一步讓你收到周圍綻放的光芒，並和稜鏡一樣反射出堅定的色彩。

「聚光稜鏡」的代表人物

● 可可・香奈兒（Coco Chanel，時尚設計師），1883年8月19日出生

●麥可・傑克森（Michael Jackson，歌手兼詞曲家），1958年8月29日出生

●箕輪厚介（編輯、實業家），1985年8月25日出生

●賈辛達・阿爾登（Jacinda Ardern，37歲當上紐西蘭第40任總理），1980年7月26日出生

●加藤純一（遊戲實況者、YouTuber），1985年8月17日出生

J3 洞察未來之眼

讓「自我軸心型」的靈魂×與「世界」結合，以重拾幸福爲使命

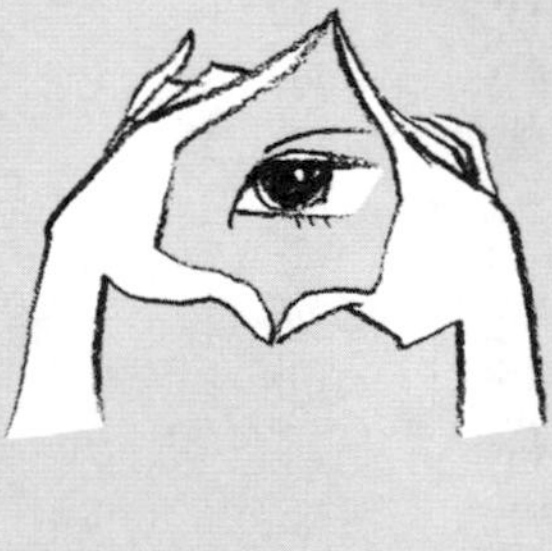

你這輩子要努力完成的使命，就是「建立（或是重建）對未來的信任」。讓自己與世界的未來成為一個能讓眾人信任的地方。

在建立自我軸心的同時，只要與遼闊的世界連繫，幸福就會回到你身旁。而越是信任自己的將來，環繞在你周圍的世界亦會朝這個方向邁進。

占星術將現代視為「處於變革的波動之中」。既然我們選擇出生在這個時代的轉折點，在如此震盪不安的環境裡，也要重新建立對未來的信任才行。

好了，輪到你上場了。就讓我們試著成為這樣的人吧。

- 即使看到負面新聞，也要站在「世界會越來越好」的角度去看待
- 靠自己的雙手創造一個人人都能獨立、彼此之間互相扶持的世界
- 不因社會權威或常識而退縮，勇於成就自認為是「好」的事物

你那雙能洞察未來的雙眼，可以捕捉到每個人的幸福未來。只要志向確定，就能帶領自己與周圍的世界邁向幸福。那就是你與生俱來的使命。

「洞察未來之眼」的代表人物

- 貝多芬（Ludwig van Beethoven，歷史悠久的作曲家），1770年12月16日出生（另有12月15日或17日之說）

●史蒂芬・金（Stephen King，電影導演），1947年9月21日出生
●藤子・F・不二雄（漫畫家），1933年12月1日出生
●史蒂芬・史匹柏（Steven Spielberg，電影導演），1946年12月18日出生
●龍樹諒（漫畫家，其著作《我所看見的未來》曾引起話題），1954年12月12日出生

J4 睿智之樹

讓「自我軸心型」的靈魂×與「時代」結合，以重拾幸福爲使命

你這輩子要努力追求的使命，就是「親手打造可將過去傳承到未來的世界」。

你所擁有的，是一個能建立自我軸心、與時代連繫的靈魂。換句話說，你必須

先接受自己的過去（歷史），這將成為你的基礎。

在這個基礎之上，不僅要將自己與他人的過去視為純粹的往事，更不可以活在由這段歷史所延伸出來的軌跡上。我們的使命，是從過去及歷史中學習，並將這一切化為當今生活所需的養分。

因為這些皆與「珍惜當下」息息相關。

- 在人際關係中懂得尊重對方的過去與經驗，建立信任關係
- 會從各種歷史中學到許多事物，並希望能善加利用
- 對於當下人生擁有的一切懷抱著感恩之情

如果有感受到以上這幾點，代表此時的你，應該已經回到幸福的身旁了。

但要明白一點，我們的過去並沒有絲毫浪費。不管是傷痕累累的從前，還是充滿後悔的昔日，都帶領自己走到了今天，是「值得珍惜的過往」。

你那堅定不搖的軸心將會成為堅實的年輪，讓自己成為一棵支撐眾人靈魂、充滿智慧的大樹。

「睿智之樹」的代表人物

● 江原啟之（心靈諮詢師），1964年12月22日出生
● 坂本龍馬（幕末活躍於土佐藩〔相當於今日的高知縣〕的武士），1836年1月3日出生
● 村上春樹（小說家），1949年1月12日出生
● 馬丁・路德・金（Martin Luther King, Jr.，以「我有一個夢想」這場演說而聞名、1964年諾貝爾和平獎得主），1929年1月15日出生
● 樹木希林（女演員），1943年1月15日出生

M1 編織神話之手

讓「自我圓心型」的靈魂×與「自我」結合，

以重拾幸福爲使命

你這輩子要努力追求的使命，是「不停編織故事」。

也就是把點連成一條線，將矛盾的人事物繫在一起。簡單來說，即描述故事。

你擁有重視互動的自我圓心型靈魂，而且這個靈魂是以「自我」為軸心。你所擁有的，是一個讓自己感到矛盾的靈魂。「到底是我決定自己，還是旁人來決定我自己？」然而，你並不會對這個矛盾置之不理，反而還會以此為題材來編織故事。

因為這麼做可以讓你感受到喜悅。

所以就算被問到「這輩子想做什麼？」或某個「點（人事物）」時，你往往毫無頭緒，也無從回應。因為你的喜悅不在於「點」，而是「畫出一條線」。當我們將各種題材串連在一起，找到故事情節時，心中就會欣喜萬分，如此一來，幸福就會回到我們身旁。

- 有時會想參與社交，但偶爾卻想一人獨處
- 遇到「不懂的事」或「感到矛盾的事」時，會莫名覺得興奮

以上這些都是讓你重拾幸福的生活方式。

只要在不同的價值觀與人事物之間穿梭，就能慢慢編織出屬於自己的故事。與其得到確切的答案，不如找不到答案，這樣你的靈魂才會編織出生動的故事。

「編織神話之手」的代表人物

- 安妮．法蘭克（Anne Frank，《安妮日記》作者），1929年6月12日出生
- 又吉直樹（搞笑藝人、第153屆芥川賞得獎作家），1980年6月2日出生
- 安潔莉娜．裘莉（Angelina Jolie，擁有六個孩子的母親和女演員），1975年6月4日出生
- 川端康成（小說家、日本首位諾貝爾文學獎得主），1989年6月14日出生
- 藤井風（創作歌手），1997年6月14日出生

M2 映照愛之泉

讓「自我圓心型」的靈魂×與「場所」結合，以重拾幸福爲使命

你這輩子要努力追求的使命，就是「讓所在之處成為愛苗滋生之地」。用你的生活方式讓周圍的人體認到愛的美好。因為這麼做可以為你帶來喜悅。靈魂以自我為圓心的你，會在與周圍互動的過程當中建立自己的風格。此時，「愛」會是一個極為重要的關鍵詞。只要透過當下孕育出的「愛」，就能找到自己心中的愛。

而與珍惜的人相處之下，愛苗當然也會由此滋生。有些人是與家人緊密連繫，有些則是與朋友建立宛如戰友般的深厚羈絆。

關心這些在你心中無比重要的每一個人，以及他們的生活與成長，也可以說是一項使命。

● 因為人們的愛與溫暖而感動
● 珍惜與重要的人共度的美好時光
● 希望能滿足自身的情感，同時成為滋潤他人心靈的存在

這些都是讓你重拾幸福的生活方式。

每個人都要好好灌溉與培養內心深處的愛苗。但是，這世界的愛苗卻會出於種種因素，無法全數在此世開花結果，有些想必會因此埋藏在內心深處吧。而你的靈魂，正好可以灌溉那些從未表露出來的愛苗。

所以才會將你形容為「映照愛之泉」，是引導旁人發揮力量的泉源。這就是你回歸幸福的道路。

「映照愛之泉」的代表人物

● 妮可・基嫚（Nicole Kidman，女演員，從以前就十分渴望有孩子。包括領養的孩子在內共有四個心肝寶貝。但她依然十分後悔，常常想「要是有十個孩子的話那有多好呀！」），1967年6月20日出生

● 明石家秋刀魚（搞笑藝人），1955年7月1日出生

● 西野亮廣（搞笑藝人、繪本作家），1980年7月3日出生

● 第14世達賴喇嘛（諾貝爾和平獎得主），1935年7月6日出生。

● 曼德拉（Nelson Rolihlahla Mandela，曾在監獄中度過27年的歲月，這段期間依舊奮力與種族隔離政策對抗、南非首位黑人總統），1918年7月18日出生

M3 連繫光明與黑暗的絲帶

讓「自我圓心型」的靈魂×與「世界」結合，以重拾幸福爲使命

你這輩子要努力追求的使命，就是「看看世界潛藏的所有可能性」。

只要將光明與黑暗連接起來，就能為世界帶來無限可能。知道「可見的答案（＝光）」並非一切的你，還具備了從所有方向——包含黑暗在內——看穿「真相」的眼力。

例如，在舞台上活躍的人背後究竟付出了多少努力？諸如此類之事。除了多數人的意見，少數派的論點你也會側耳傾聽。有時自己亦努力保持中庸，以保護少數派的立場。

你必定會好好珍惜「黑暗」這個無形的、支撐光明的世界，因為你那總是祈願一切會更好的靈魂，是絕對不會拋下黑暗和失落就此離去的。你會用祈禱祝福的絲帶，輕輕地將光明與黑暗維繫在一起。

只要用絲帶將自己的周圍環繞起來，就能創造出你的個性，因為你是那種會在自身的周圍畫圓，以創造軸心的靈魂。

- 除了眼前所見的活躍，也能深入了解在背後鼎力支持的人
- 希望挖掘出那些正在世界上沉睡的潛力
- 體認到科學無法證明的無形世界才有的寶貴智慧

這些都是讓你重拾幸福的生活方式。

「連繫光明與黑暗的絲帶」的代表人物

- 中田敦彥（搞笑藝人、YouTuber），1982年9月27日出生
- 甘地（Mohandas Gandhi，宗教家、政治領袖、印度獨立之父），1869年10月2日出生
- 鈴木一朗（前大聯盟球員），1973年10月22日出生
- 江島直子（靈能者、作家、在YouTube頻道「靈性領袖TV」中演出），9月25日出生。
- 西村博之（日本規模最大的BBS匿名留言板「2ch」的創立者），1976年11月16日出生

M4 跨越時光之海的船舶

讓「自我圓心型」的靈魂×與「時代」結合，以重拾幸福爲使命

你這輩子要努力追求的使命，就是「為人類的將來展現美好的一面」。

換句話說，若將整片大海比喻成人類意識的集合體，那麼，引導這股龐大意識走向美好未來的那艘船就是你。

靈魂屬於自我圓心型的你，只要與「時代」融合，就找到自我風格。在追求自我生涯的同時，對於人類的未來也會加以關注。

時間軸包含了過去到現在，以及從現在到未來。但是對你來說，當下到未來這一段才是最重要的。

這樣的你，就像是一艘「可以成為時代指標的船」，在人生的旅途當中，難免會覺得自己好像漂浮在社會體制之外。然而事實並非如此，你也不是那麼孤獨無

助。因為此時此刻的你，是在圓心力量的推動之下成為「軸心」，浮出海面。

唯有這種生活方式，才能讓你重返幸福之路。也就是說：

● 即使現階段世人未能接受，依舊會被未來具有發展性的事物所吸引

● 採取行動時，與其靠私人感情行事，擁有偉大的目標反而會更加活躍

心中若有這種感覺，就代表幸福已經慢慢回到你身旁了。

只要揚起風帆，勇往直前，這樣的生活方式一定會對後世帶來良好影響，甚至超越時空，永存不滅。

「跨越時光之海的船舶」的代表人物

● 哈吉咩社長（YouTuber），1993年2月14日出生
● 德川家康（江戶幕府第一代將軍），1543年1月31日出生
● 愛迪生（Thomas Edison，發明王），1847年2月11日出生
● 新島襄（同志社大學創辦人），1843年2月12日出生
● 新庄剛志（前大聯盟球員），1972年1月28日出生

●新海誠（動畫導演），1973年2月9日出生

M5 演奏宇宙之音的鋼琴

讓「自我圓心型」的靈魂×與「靈性」結合，以重拾幸福爲使命

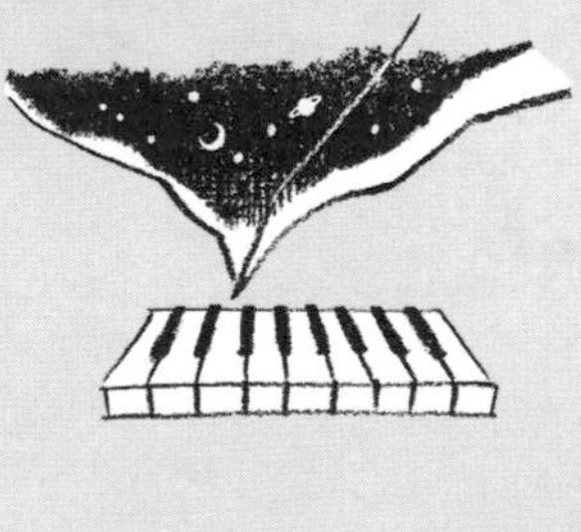

你這輩子要努力追求的使命，就是「讓人類的靈性昇華」。

靈性是一種可以從「生命」及「人生」這兩大觀點來看待自己的感性。任誰都有感性，而且存於日常生活之中。

簡單來說，其所扮演的角色，就是盡量創造讓眾人覺得「活著真好」、「選擇這樣的人生是對的」那一刻，並在日後能津津樂道。

靈魂以自我為圓心的人，會在各種互動之中成長，進而創造自己的風格。如果

是你，那麼與超越日常的「靈性」有所連繫就顯得至關重要。

這是一個看不見的、無形的，並且超越時間與空間的世界。換句話說，它存在於有別於我們的次元。以靈魂占卜的角度來看，你的靈魂，比任何人都還要容易抓住「出生前那個幸福的我們」的感覺。

正因如此，我們就更要像演奏鋼琴那樣，將這「回憶幸福的感覺」傳頌給周圍的人知道。若你產生了以下的感受：

- 具有理解人心和當場氣氛的能力
- 自我感覺淡薄，可以對所有事物產生共鳴
- 喜歡感受大自然及宇宙

代表此時此刻的你，正慢慢回到幸福身旁了。

你的感性總是比他人還要深刻、遼闊。若將這種感性收納在這個世界的「容器」裡，說不定就能使你重拾幸福。也讓那超越常人的想像力化為形體。

如此一來，你的感性就能渲染給旁人，讓許多人得以隨之重拾幸福。

「演奏宇宙之音的鋼琴」的代表人物

- 賈伯斯（Steve Jobs，Apple創始人），1955年2月24日出生
- 蕭邦（Frédéric Chopin，作曲家、鋼琴家），1810年3月1日（一說為2月22日）出生
- 愛因斯坦（Albert Einstein，以相對論聞名的物理學家），1879年3月14日出生
- 米津玄師（歌手），1991年3月10日出生
- 澀澤榮一（現代日本資本主義領導者、日本新版萬圓鈔票人物），1840年3月16日出生

JM1 解封者

「自我軸心與自我圓心混合型」的靈魂×「內在世界」結合，以重拾幸福爲使命

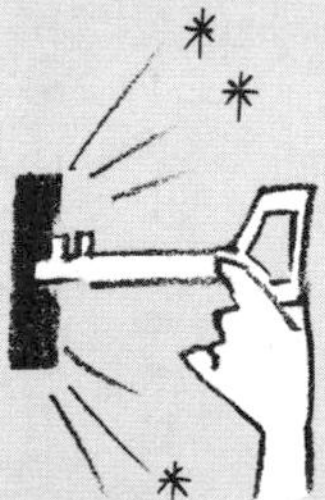

你這輩子的使命誠如其名，也就是「解除封印」。

亦可說是打開通往變革與進化的大門。而所謂的封印，就像一扇隱藏潛力的大門，你所解除的封印是屬於你自己的。簡單來說，解除內在世界（自我、他人、與周圍人際關係）的封印就是你的使命。

這個範圍會擴大到「解除這個廣闊世界與時代」的封印。除了站在事物該如何進化的角度來看待問題之外，還要思考與伴侶及家人一起進化時，該採取什麼樣的行動。比方說，我們要扮演什麼樣的角色才能協助組織成長？

你的靈魂就是以這樣的觀點不斷思考，引領旁人發動變革。例如以下：

- 擅長發現旁人的優點以及時而出現的課題

● 除了自己，還會為他人及環境的成長與變化所感動
● 對現有的價值觀及事物會稍嫌不足

此時的你，應可說是正過著回到幸福的生活。

不僅僅是為了自己，你還是旁人與現場的「解封者」，可以釋放出世界上所有沉睡的潛力，重新回到幸福身旁。

「解封者」的代表人物

● 孫正義（軟銀集團創辦人董事），1957年8月11日出生
● 藤井聰太（將棋棋士），2002年7月19日出生
● 堀江貴文（實業家、作家），1972年10月29日出生
● 畢卡索（Pablo Ruiz Picasso，畫家），1881年10月25日出生
● 渡邊直美（在國外亦相當活躍的日本搞笑藝人），1897年10月23日出生
● 糸川英夫（日本宇宙開發之父、著有占星術相關書籍），1912年7月20日出生

JM2 跨越沙漠彩虹

「自我軸心與自我圓心混合型」的靈魂 ×「外在世界」結合，以重拾幸福爲使命

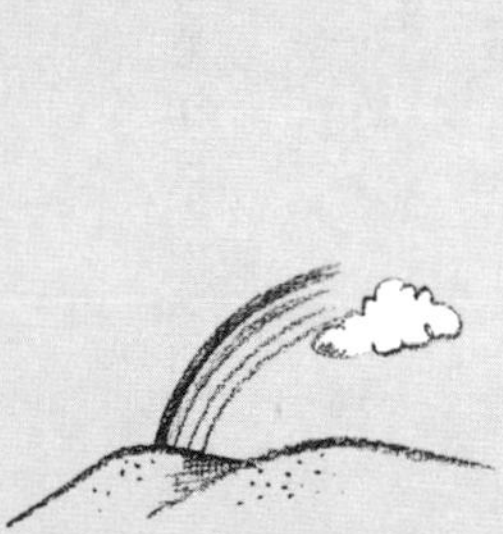

你這輩子要努力追求的使命，就是「讓世界重獲意義」。

這個使命，適合靈魂屬於混合型，而且還與規模龐大的外在世界（世界、時代、靈性）相連繫的你來完成。

這個「讓世界重獲意義」的使命，也包括了在世界上尋找「某些東西」的美好意義。它或許能振奮人們沮喪的心，也能讓充滿虛無的社會染上希望的色彩。

不僅達成使命的方法因人而異，呈現的色調更是和彩虹一樣繽紛無比。有些人會大肆宣揚自己熱衷的事，以改變大眾的意識；有些人則是對外國、歷史及靈異事件非常敏感。

當然，這種情況之下的你，或許會有無力感，覺得單靠自己一個人的力量根本

微不足道。正因為如此，你的靈魂才會萌生某些念頭，想要試圖影響周遭更多人的意識。

至於規模與手段因人而異，但是「讓世界重獲意義」，就是你的使命。因為你往往會認為：

- 世界上沒有解決不了的問題
- 希望能創造出消除眾人壓力的「某個東西」
- 想接受自己的影響力，相信自己

只要透過以上的生活方式與態度，你就可以在長久以來被許多人視為荒漠的世界中架起一道彩虹，為眾人帶來希望。

「跨越沙漠彩虹」的代表人物

- 約翰・藍儂（John Lennon，前披頭四樂團成員），1940年10月9日出生
- 近藤麻理惠（整理術顧問），1984年10月9日
- 宮崎駿（電影導演、動畫家），1941年1月5日出生

● 羽生結弦（花式滑冰選手），1994年12月7日出生

● 米開朗基羅（Michelangelo，西洋美術史代表藝術家），1475年3月6日出生

CHAPTER 1

透過占星術，揭曉「天堂」的祕密

占星術眼中的天堂是什麼樣的地方？

出生之前，我們不過是一個「空有靈魂」、毫無肉體的存在。只有靈魂的我們所在之處，是個一般稱為「彼岸」或「天堂」的地方。

那麼，「天堂」又是個什麼樣的地方呢？

無奈的是，我自己已經不記得在那裡的生活，所以無法具體告訴你那是一個什麼樣的地方。但我可以告訴你，就占星術的世界觀來看，它是什麼樣的地方，先讓我們從這個角度來談談吧。

大家都知道，西洋占星術是靈魂占卜的基礎，當中有許多星座存在，例如牡羊座、金牛座。所謂的十二星座，指的其實是太陽在黃道上所通過的路徑。牡羊座到雙子座的季節是「春季」；巨蟹座到處女座是「夏季」；天秤座到射手座是「秋

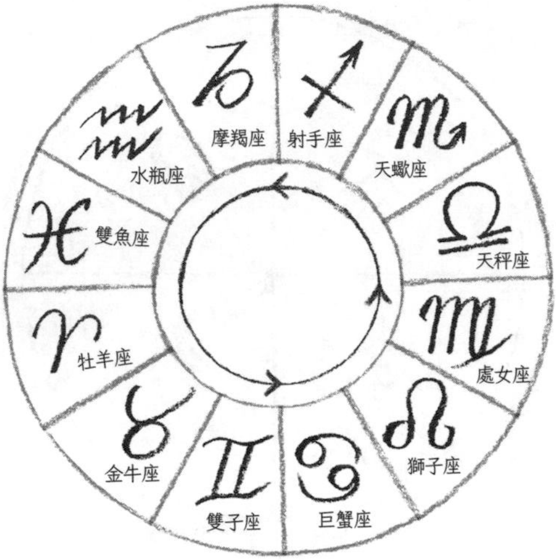

季」；之後的星座到雙魚座是「冬季」。換句話說，十二星座亦代表了四季週期。此外，季節輪替也是植物與生物的成長週期，更代表著人類這一生的各個階段。

我們在第一個牡羊座呱呱墜地。之後生命隨著時間茁壯成長，趨步邁向人生的最後階段，也就是雙魚座。

就占星的觀點來看，最後一個星座的雙魚座應該是通往天堂的入口。換句話說，雙魚座是邁向天堂之約的等候室。所以**只要了解雙魚座，就能描繪出天**堂的模樣。

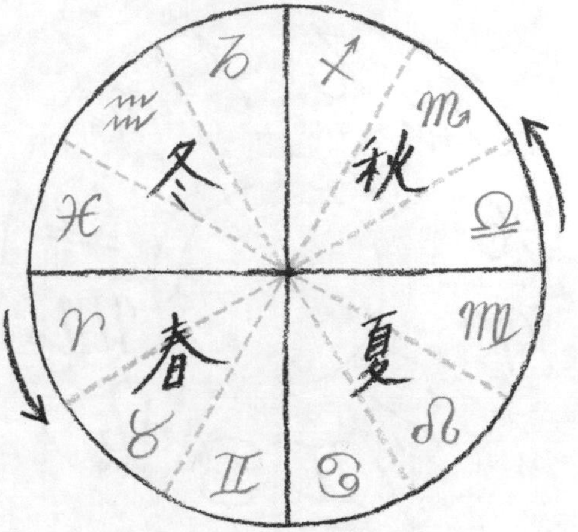

雙魚座在占星術中是一個會將「自我」與「他人」之間邊界慢慢抹去的星座。另一方面，身為領銜者的牡羊座，則是一個會建立「個人自我」的星座。即使是按照十二星座分類的個性占卜，也都會認為牡羊座的人意志堅定，雙魚座則溫柔體貼，其因就在於此。

其實一個人的成長，是在奠定了「自我（內在世界）」之後，才慢慢懂得關心他人，對於他人的痛苦感同身受，也就是學會「如何與外在世界連繫」。

這個部分可說是雙魚座的典型特徵，抹去「自我」和他人之間的邊界。

等到所有事物都融為一體之後，再趨步

邁向彼世。換句話說，當我們越接近「死亡」，就越想要消除個人的邊界，並準備把自己交付給彼世。

待回到天堂時，這條邊界就會完全消失。一踏進天堂，會發現那是個沒有任何東西將我們阻隔開來的世界，「肉體」這條邊界當然也不復存在，如此一來，就沒有身體上的疼痛與種種限制。

人會有「痛苦、煩惱、悲傷」等負面情緒，是因為在地球上的我們擁有肉體。而身為人類，之所以天生會害怕「變化」與「失去」，都是為了保護自己寶貴的身軀。

但是在天堂完全沒有這樣的隔閡。存在於那裡的，就只有我們的「靈魂」。一個只有靈魂、毫無任何邊界將自己與其他事物區隔開來的世界……會是一個什麼樣的地方呢？

這是個難以掌握感覺的世界，不過我們仍可以想像一下。如果「你」與「他人」之間的邊界消失的話，會變成什麼樣呢？在這種情況之下，即使他人的感受是獨立存在的，但也都是出於自我的意識。所以我們不可能因為意見不合而與他人爭吵，更不會因為溝通不良而困擾。一切都會如願進行。

既然如此，那就讓我們將這種感覺延伸到宇宙的盡頭吧。**不管是他人、地球還是宇宙，通通都與自己的意志相連。**這就是所謂的「天堂」世界觀。

小時候的我，對於彈琴沉醉不已時，偶爾心中會突然冒出一種奇妙的感覺：「從哪裡到哪裡才算是自己呢？」現在回想起來，當人沉迷於某件事時，通常會進入「無我狀態」。沉浸在音樂之中的自己，或許和在天堂的那種「沒有隔閡的感覺」有點類似。

再回到十二星座的話題。與雙魚座有關的神話人物奧德修斯（Odysseus）是一位渴望回到家鄉的英雄。沒錯，說到靈魂的故鄉，就是其原本所在之處，也就是天堂。這個故事似乎也表明了雙魚座的靈魂「試圖返回故鄉的階段」。

你能想像天堂是個什麼樣的地方嗎？

靈魂為何要特地從天而降？

既然已經掌握了天堂的世界觀，心中應該就會冒出一個最大的疑問。為什麼我們要刻意從天堂這個安心無比的世界降臨到地球上呢？

那我就不賣關子，先說結論吧。我們是因為「**想要成為自己**」才特地來到地球上的。當我們降臨到此世時，會被賦予一個專屬的「身體」，這是來到此世得到的第一個「自我」。

「成為自我」的原因別無其他，是為了再次體驗「與自我以外的事物相連繫」的感覺。這個「再次」才是關鍵。

剛才曾提到，在天堂的時候因為無法界定出「從哪裡到哪裡是屬於自己」的範圍，所以無法感受到「自我」。換句話說，如果沒有把「自我」與「其他」分開，當然就無法體會到「緊密連繫」的感覺。這種情況就好比自己抱著自己，幾乎難以感受到溫暖是一樣的。

簡單來說，若要體會那段在天堂早已結合在一起、根本就來不及察覺到的「相連繫的感覺」，勢必要離開這個地方一次才行。因此，降生在地球上可以說是必要的。

這個話題或許會讓人越聽越混亂，但其實非常好理解。當我們想要體驗某種特殊感受時，只要置身在相反的狀態之中即可。比方說，想要體會喉嚨潤澤時有多美妙，勢必要先知道喉嚨乾渴的感受。又如同一對長久分離的戀人重逢時，相擁之際所感受到的那份無比的喜悅與安心，我們的「靈魂」也會渴望與「某個東西」相連繫。正因如此，才會毅然決定在「誕生之日」離開天堂去旅行，以體驗這個特別的感受。

這件事彷彿在告訴我們，十二星座在占星術中，正是一個描述「孤獨的靈魂出生之後為了尋找連繫而展開旅程」的故事。

12星座的故事——人的一生

我們在牡羊座呱呱墜地。

⇦

進入金牛座之後，得到了一個可以與某人牽手的身體。

⇦

接著為了與某人建立關係而在雙子座學會說話。

⇦

之後在巨蟹座中得到了能用心體會連繫的感情（這個連繫，也可以稱之為愛）。

⇦

來到獅子座時，會渴望向某人表達自己的愛；在處女座中則是希望透過幫助他人的方式來表現自身的愛。

⇦

在之後的天秤座中，我們會飛向遼闊的世界，遇到不同於自己的存在，並在天蠍座中與這些不同的存在相愛，培養感情。來到射手座時，我們學會了用愛去追求眾人的幸福。

⇦

在魔羯座學習如何在社會上活躍，讓這個世界充滿愛。

⇦

最後來到水瓶座時，會超越社會這個框架，讓愛昇華到更高的層次。

⇦

最後抵達的雙魚座是一個沒有個人隔閡、充滿終極之愛的世界。當生命走到盡頭時，靈魂就會回到故鄉。這就是我們的一生。

可見，占星術中的十二星座也是塑造我們一生的元素。

在觀察這一生的過程時，會發現我們是一群為了尋求愛而孜孜不倦的旅人，努力「與某人建立關係」，盡力「與某事締結連繫」。

進一步來說，我們要重視與此連繫的主要人物，也就是「自己」。正因如此，當我們感受到一份無可替代的愛時，心中就會湧起一股幸福感。

無論何時，我們總是希望能「做自己」，並且感受因為連繫而帶來的幸福。

電影《悲慘世界》中有句台詞這麼說道：「去愛他人就能看到神的面容。」（To love another person is to see the face of God.）對我來說，這句話就像是在告訴我們「在這個世界所體驗到的愛，和我們記憶中的那個世界所擁有的幸福感受是一樣的」。

靈魂是什麼？

如同花朵凋零之後，掉落的種子將歸還土壤，我們的靈魂也一樣會回到天堂，並在下次的誕生之日得到肉體，降臨人間。

在彼世與此世之間徘徊的「靈魂」用肉眼是看不見的。而擁有生命的我們，該如何理解這個無法捉摸的靈魂呢？

就讓我們從占星術得到的靈感來談談吧。占星術是利用太陽、月亮、水星、金星、火星、木星、土星、天王星、海王星和冥王星這十個天體來進行占卜。順便一提，雜誌上常見的十二星座占卜，是根據出生時的太陽位置來占卜的。換句話說，十二星座就像是將天空劃分成像個人住所的十二個區域。

身為雙子座的你，是在太陽來到「雙子座」這個區域時誕生的。有人認為太陽星座代表了一個人的性格。但嚴格來講，這個說法並不準確。

其實這非常深奧，因為出生的時候，太陽會告訴我們靈魂的意圖，那就是：「你希望你的靈魂如何開創人生？」這就是所謂的個性。換言之，我們在出生時候會被賦予「個性」。

反過來說，出生前的靈魂是處於「沒有個性」的狀態。直到誕生的那一刻，除非將「你」這塊拼片從天堂這幅拼圖中取下來，否則是不會有「自我」，也不會有「個性」產生的。

不管是在哪個角落，天堂都不會有「我」這個概念……天堂的靈魂是無色透明的，一直要到誕生之日這一天，我們才會得到「獨一無二的自我」這個個性。

那麼回到主題。我們為什麼需要「個性」或「做自己」呢？

大家再想像一下「拼圖遊戲」，就能清楚理解了。其實，一幅拼圖有很多形狀相似的拼片，但卻沒有完全一模一樣的。我們每一個人就像拼圖裡的每一塊拼片，當所有人聚集在一起時，就會拼湊成一幅圖畫，因此，每個人必須要有自己的個性才行。

不僅如此，所有人的形狀還必須不同，這樣彼此緊密拼在一起的時候，感受才會格外深刻。或許是出於這個原因，只要對方擁有我們所沒有的，往往就會為其所吸引。

另外，「個性差異」是因為誕生之日不同造成的，而這也是「靈魂占卜」以你的生日為基準來進行占卜的原因。

讓我們回到占星術這個話題吧。占星術原本是將以星象為首的大自然與人類生活結合之後，發展而成的學問，是把發生在天上的事情轉換成地上的事件。

古時候的人看到空中充滿活力、閃耀光芒的太陽時，理所當然會覺得「這就是我們的生命之源」。更何況大自然的太陽是培育植物與生物等所有生命的關鍵，若是少了陽光，地球上的生命恐怕就會消失。

掌管我們生命的靈魂也是一樣。對人類來說，靈魂所扮演的角色就好比大自然中的太陽，靈魂是發揮「自我」的一塊拼片，而讓自我與各種事物連繫結合，繪製出一幅關於人生的畫作，就是靈魂心中所渴望之事。

占星術及靈魂層面的「出生（誕生之日）」是什麼？

既然如此，生活平淡無奇的我們，該如何想起靈魂所懷抱的期望呢？

其實靈魂在降臨此世的那一天——也就是你的誕生之日——早就已經擁有這些資訊了。簡單來說，在我們出生的那一刻，靈魂的意圖就記錄在每個人所配置的星座之中。

占星術的基礎理論之一就是「上者如下」，因此，天上星座的排列方式也會與地球上發生的事件相互對應。若以現代思維來解釋，那就是「部分即整體，整體即部分」（個體即整體，整體即個體）。

這個概念亦可稱為「Holon」（hol＝整體＋on＝部分〔個體〕），也就是哲學理論中的「整全[1]」。而今日以這樣的方式生活的我們，可以說「既是個體，也是整體」。

我們為母親所生，母親則為祖母所生……依此類推。因此我不僅是自己，也是代代相傳的其中一分子。血脈相承，讓我們可以稱自己為「個體」，亦可說是「整體」。地球上流逝的時間也是如此。因為一年是由每一分鐘累積而來的，每一分鐘也包含在一年之中，對吧？

占星術有個手法可以讓人生像時鐘的指針，從出生時的太陽所在位置出發，按照刻度年年推進來解讀。如此一來，我們就能預測這輩子想要解讀的某段時期會出現何種課題、面臨什麼樣的事。

這個技法，就是以「整全」概念為基礎。意味著即使是「誕生之日」這個短暫的片刻，照樣包含了「整個人生」的意義。

只要試著擴大整全這個概念，就會發現我們所經驗的那個最基本的「結」，其實就是誕生之日這個連繫「彼世」與「此世」的交界處。如此一來，便能得知我們在這個世界所尋求的結，也就是期望與此世連繫的東西是什麼。

最後，我想引用一首可以傳達出這個主題內容的詩，再來進入下一個討論。

「一沙一世界，一花一天堂，掌中握無限，剎那即永恆[2]。」

——威廉・布萊克（William Blake，18世紀的英國詩人）

---

1 又稱整體論（Holism），主張一個系統（例如宇宙、人體等）中各部分爲一有機體之整體，而不能割裂或分開來理解。

2 出自《布萊克詩集 英國詩人選（4）》，松島正一編，岩波文庫。

占星術及靈魂層面的「人生（使命）」是什麼？

身為這個世界的一塊拼片，當然會希望能「做自己」、渴望建立親密關係。到目前為止，我們一直在談這件事。但若是冷靜下來，用理性的觀點來看，內心又會再次萌生某些疑問。像是：靈魂為何要如此努力？

沒錯，靈魂在這個世界有想要實現的夢想。「想要連繫、想要建立關係、想要做自己！」以擁有肉體的人類誕生的目的，就在於此……但是為什麼？為何靈魂要降臨到這個世界上並試圖生存呢？「身為人類生活下去」的意義是什麼？我們究竟是為了什麼而活？

不要害怕誤解，讓我來告訴大家我得到的答案吧。

那就是……「人生本身」並沒有特別的意義。

就是如此。這是非常重要的事，所以容我再說一次：生活本身是沒有意義的。此問題，就和「太陽為什麼每天都要東升西落」一樣。在占星術中，太陽每天的運作和十二星座相同，常被比喻為「人的一生」，也就是從出生到年老。但是太陽早上從東方升起，到傍晚往西方落下這件事本身其實毫無意義可言，只是平平淡淡地發生而已，並沒有其他含義存在。雖然有天文學上的解釋，但仍舊沒有什麼意義。

同理，我們的一生也是毫無意義。

但不可思議的是，我們還是會不斷地想要找尋「生命的意義」，並試圖靠自己找到「人生的意義」，也極度渴望讓生命更有意義，而且非常希望能做些有意義的事。

這就是我們所能做的事。既然無法接受沒有意義的事，那就試著為它找到意義。這應該是我們每個人被賦予的「使命」吧。大家的使命之所以為「創造生命的意義」，原因就在於此。

把「創造生命的意義」當作使命太沉重？

雖然自己寫了一番長篇大論，但是把「創造生命的意義」當作人生使命卻又顯得有點沉重……會這樣想的人或許不是只有我而已吧？

我想，應該有很多人孜孜不倦，努力想要找出人生的意義，卻因為束手無策而苦惱不已。坦白說，我無法對這樣的人說「請扛起自己的責任，竭力找尋人生的意義」。

要創造生命的意義，並為此而活。這才是人生。這件事本來就是積極、正面的，我們原本就該這麼做，而且也合情合理。

自古以來，不少智者深思著生存的意義，儘管表達方法各有不同，但是闡述的內容卻是一致的，那就是「找尋生命的意義必須靠自己」、「要好好愛惜自己的人生」、「人生的意義在於完成被賦予的習題」。

在這個前提之下，其實我很想談談靈魂占卜……心裡原本是這麼打算，但是身為一名聆聽許多人生故事的占卜師，卻無法認同這個觀點。

關於「人生是為了找尋生命的意義」這一點，我並不認為有錯，但是這樣的表達方式似乎沒有把重要的訊息傳達出來。

看到這裡，或許有人會想：「這本不是占卜書嗎？可不可以快點進入正題呀？」正因為是占卜師，所以我不想將我的使命和靈魂草率地說出去。這是一件非常重要的事，請大家再耐心等待一下。

20多年前，家中97歲高齡的祖父撒手人寰。祖父這九年以來臥床不起，一直在家受人照護。每當我去探望時，他總是嘆息地說：「像我這種人活著還有什麼意義呢？到底是為了什麼活著？」

從那時起，我便不斷地問我自己：「祖父當時的使命究竟是什麼？」這個問題，今日依舊纏繞在心。

回首過去，當時的祖父非但沒有對社會做出什麼具有生產力的貢獻，反而還需要他人的照護才能生活。這樣的祖父，想必每天也過得很煎熬吧。

那麼，人是為了什麼而活？若是沒有什麼理由，又要如何從中找到意義呢？明知尋找「人生的意義」很重要，卻因為找不到而感到空虛。我認為若是沒有體諒到這種心情，寫這本書就沒有什麼意義可言。正因如此，我才會想要寫出一本顧慮周全的書。最近在思索的過程當中，突然想起了一件事。

事情發生在為長久臥病在床的祖父舉辦告別式的時候。這九年來一直負責照護祖父的姑姑在告別式上淚眼婆娑地說：「爸爸，謝謝你。真的謝謝你。」站在一旁的我，只覺得負責照護祖父的姑姑非常辛苦。但實際呢？這麼說或許會讓人以為這是在說漂亮話，但讓姑姑活下去的人說不定是祖父。姑姑這輩子充滿了悲傷，走過了身為人母卻失去兩個年幼女兒的人生。因此，我覺得支撐這樣的姑姑繼續活下去的人反而是祖父。

「爸爸需要依靠我」、「爸爸的人生要靠我來支撐」這樣的想法對於姑姑來說，已經成為迎接明天的動力了。我認為祖父與姑姑各自的使命之線連繫之後，彼此彷彿是在互相支持一樣。也就是說，得到支持的並不是只有祖父。

就經驗來看，「啊，說不定我只要這麼活著，就可以得到許多人的使命之線支持，甚至從旁支持他人。然後我們之間的關係就會交織成一匹布，讓彼此連繫在一起」……這就是我心中的感受，也是我自認的使命。不一定得發揮多大的影響力，只要在此時此刻好好活著，就代表自己已經接受了某人的使命，同時也在傳遞訊息。我不停地祈禱，希望這樣的使命交流能讓彼此及周圍的人感到幸福。

現代占星術也提到，「讓太陽（靈魂）綻放光彩，好好活出自己」。這句話告訴了我們，每個人都可以成為照耀別人的太陽。當我們在思考「何謂使命」、「生存的意義又是什麼」時，難免會覺得自己應該要做些有生產力、有助於社會的事才行。

然而，這個世界是由發揮使命的人與接受使命的人所構成。**除了「發揮使命**

的人」，還要有「讓人發揮使命的人」。在舞臺上耀眼奪目的表演者之所以能夠發揮自己的使命，就是因為有觀眾的期望與接納。

這本書也是因為有各位讀者的存在才得以完成使命。人與人之間應該有著無數類似的施與受模式。本以為只有施予，其實自己也有所得；原以為只是一味接受，其實自己也有所付出。

我們每一個人都是在互相支持、彼此幫助之下生存的。如果把一個人的使命比喻成一條線，那麼由這些使命交織而成的一匹布應該就是「生活在這個世界上的所有生物」。

要有助於他人、要發揮使命、要探索自我……擁有這些想法固然不錯，但它並不是唯一的使命。我認為好好接受這個事實才能算是「活著」，之後再來積極「活出自己的使命」。

至於使命究竟是什麼？活著又意味著什麼？

這並非一個用三言兩語就能回答的問題，也沒有必要找出答案。但現在身為

《靈魂占卜》的作者以及一個人類的我，若被問及「生命的意義是什麼？」我的回答可能會是：「為了照亮某人的靈魂，同時也讓自己被他人照亮。這就是我存於此的理由。」

有些地方我用了複雜的字詞來解釋，但歸根究柢，**我們只需要「做自己」，這樣就好了。只要這麼做，就能夠成為他人的「明燈」**。

你的靈魂正在旅行，光是如此，就足以讓你成為一個出色的存在，並且「努力做自己」。只要這麼做，就有機會讓世界變得幸福，幫助世界重拾幸福。因為我們本來就是同一朵花，一幅偉大拼圖的一部分，視線若再放得長遠一點，甚至可說是一匹布。

何謂靈魂層面的「死亡」？

人生好比一場冒險遊戲，終有結束的時刻。不管是誰，都會遇到「死亡」。

土星在古老的占星術中象徵「死亡」。在天王星、海王星、冥王星被發現之前，土星對人類來說，是宇宙的終點。這裡所指的最終目的地，代表了「死亡」。同時，土星也象徵著這個世界上的限制，包含時間上的限制以及身體上的限制。

因此，土星在占星術中就像是一位嚴格的老師，是一顆限制我們的星球。但也可以說是一條愛的教鞭，要求人們在「有限的生命中好好活著」。

看到這裡的人，想必已經明白肉體的死並不等於靈魂的死。死亡頂多是「肉體死亡」，我們的靈魂只不過是回到天堂這個故鄉罷了。

說到「死亡」，為了占卜已故親友與自己是否還有靈魂上的連繫，我在2020年出版了一本書，叫做《忌日占卜》（命日占い，暫譯）。書中提到，即使在心中占有一席之地的親友離世到天國，彼此之間的靈魂羈絆也不會就此斷絕。儘管離開了人世，對方生前與我們結下的不解之緣、奠定的愛，以及他們的生活方式與影響依舊會在心中延續下去。

剛才談到「我是一個獨立的個體，同時也是整體」，這句話也可以套用在這裡。倘若尋找生命意義是我們的使命，那麼，讓某個人的死變得更有意義也是人們活著的使命。

對我們而言，「死」象徵著結束，但也可以將它視為「第二個誕生之日」。活著的時候只要發現自我人生的意義，我相信這樣的你就算到了天堂，也會將這個意義延續下去，讓這些記憶烙印在靈魂裡，並再次化身為一朵花，成為那朵花本身的記憶。

因此，人生尚且在世的我們，在直到有一天回到一朵花的身旁之前，不管何時都不可以放棄成為自己，要竭盡全力，綻放出這條屬於自己的生命。

何謂靈魂層面的「幸福」？

以截至目前的內容來總結一下，就靈魂的角度來看，「幸福」其實就是體驗那些在天國中無法體會的「連繫」。若要實現這一點，就要「做自己」，而幸福的定義，則是展現自己的使命並接受他人的使命。

讓我們稍微從占星術的視角來深入探討這件事。占星術會根據一個人出生那一刻的星體位置來進行占卜，而這個位置圖被稱為「星盤」。這張類似披薩的星盤到目前為止已經出現了幾次，是一張描繪出生時眾多星體排列方式的圖形。

藉由這張星盤圖可以解讀一個人的資質和潛力，也可以分析你的個性及「與自

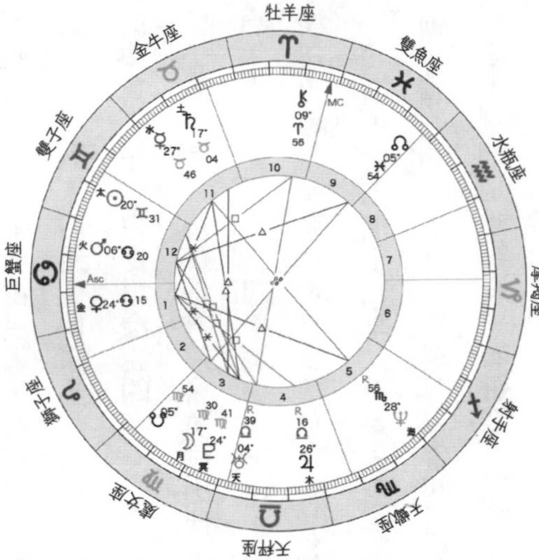

我風格有關的訊息」。既然如此，當我們在履行使命時，是不是只要從星盤圖中捕捉一些正確解答，遵循照辦就可以了呢？

所謂「賢者乘星，愚者隨星」。現代占星術之父艾倫・李奧（Alan Leo）曾經多次強調及傳達這句古老格言的含義。他想說的，其實就是「照著出生時的星盤來生活太遜了！重點是要自己掌握命運」（笑）。有位老哲學家阿奎那（Thomas Aquinas）也曾這麼說過：「星辰可以引導你，但不能強制。」這句話的含義是什麼？那就是「星星不會限制你」。

依照星星指示的方式來生活，未必代表一切都會順利。這不是在否定星象，而是想要告訴大家「我們可以變得更好」，不是嗎？

每當提到占卜與占星術，我們總是會誤認為這是一張可以展示「人生完成圖」的壯麗拼圖，然而事實卻並非如此。每個人都是獨一無二的拼圖，這是不會改變的事實，星盤也是這麼說的。

但誰也不知道那些拼片會拼湊出什麼樣的圖。這塊拼片要如何使用，決定權在你手上。如果你「想要過著自己理想中的生活」，適合這張圖的拼片就會自然地湊在一起，慢慢形成一幅偉大的畫作……而這不就是人生嗎？

沒有所謂的前定和諧（pre-established harmony）[3]。無人會知道你這塊拼片是哪幅拼圖的哪一部分，也沒有人會知道你的靈魂所許下的承諾會以何種方式實現。

靈魂真的是一幅奇妙的拼圖，對吧？

3　由哲學家戈特弗里德・萊布尼茨所提出的哲學概念。前定和諧論聲稱雖然所有實體看似憑藉自由意志或特定的行爲規律來發生關聯，但是它們之間並非偶然地互相影響，而是經由上帝的預先制定的規則來實現「調和」。

人類的共同使命，就是「創造自己的人生意義」

接下來，終於要詳細介紹這11種靈魂的使命了。為了方便大家理解，下一章開始會以「你的使命是～」的形式來撰寫。就某種意義上來講，這也是「占卜」的迷人之處。

因此，心中若是感到不安，那就回想一下剛剛那句話吧。「賢者乘星，愚者隨星」。而你，當然是賢者。既然如此，又何必完全遵從占卜的結果呢？

在翻閱這本書的時候，只要一邊思考如何「乘星（善用）」就好了。而在占卜以前，要知道眾人的共同使命是「自己創造生命的意義」，因為那將會是某人明日甚至是未來的生命之「光」。

既然人的一生時間有限，有件事我想先告訴大家。那就是「掌握使命並且使其化為具體目標比較好」這個愛的忠告啟發了某位占卜師，促使她提筆寫下這本書。希望它能成為你重拾幸福的契機，而天上的星辰永遠都會是你的盟友。

CHAPTER 2

內在靈魂結晶

— J1 —

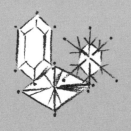

你靈魂的聲音總是清晰。

在這充滿各種音色的世界裡，

沒有一種聲音比你的還要宏亮。

「何不試著看重與旁人的合音呢？」

……如此忠告對你來說毫無意義。

有誰坦白如你，不會對自己說謊？

但沒關係，我們這樣就好。

只要專注在自己的聲音上就好！

只要與那清澈的聲音連繫在一起，

幸福就會回到你身旁。

「內在靈魂結晶」的使命

靈魂屬「自我軸心型」的你，尋求的是自我意志的建立。

以「內在靈魂結晶」為使命的你，若要重拾幸福，勢必要比他人更加密切地與「自我」連繫，好好建立關係。

只要這麼做，你的靈魂就會吸引或邂逅必要之事。

那麼，與「自己」建立關係以重拾幸福的使命，所指的究竟是什麼呢？這是個相當龐大的主題，因此，我們要將使命分為以下三個階段來說明。

- 長期（終身追求的目標）
- 中期（要隨時準備的事）
- 短期（最好今明兩天就開始的事）

長期使命

靠自己發現的真相，自由引領世界

你這輩子要努力追求的使命，就是「靠自己發現的真相，自由引領世界」。

不管遇到什麼事，你的使命就是成為先驅者。你所發現的真相起初可能不會有太多人接受，懂你的也許只有少數人。

有時，你會感覺與旁人合不來，無法和他人產生共鳴，但正因為身為少數派，你發現的「真相」才能喚醒某些沉睡中的事物，讓世界有所改變。

當然，最初舉起那面真相的旗幟時，只有你一個人。此時的你，勢必要自立自強，如果你希望人生有所成就，那麼，就要具備**「就算單打獨鬥也要完成」的堅定意志，而且還要相信自己的直覺與感受。**

放心吧，這個自立更生的態度，也就是「決定單打獨鬥」的結果，一定會讓世界繼續保持自由。

但是也請別忘記，你絕對不會孤軍奮戰。你的勇氣和熱情，會讓許多人想要與你同行。他們之所以沒有立刻出聲，是因為大家都需要一段時間才會明白這是攸關自身的事。

就像管弦樂隊在演奏時，所有成員都會跟在第一個起音的人後面才進行合奏。而你，就是那個起音的人。因此，你的使命，就是找到自己內心的真相。內在靈魂形成的「結晶」只要越多，就越快能讓靈魂重拾幸福。

中期使命

相信直覺，磨練審美意識

接下來，談談如何找到自己的真相（＝結晶）。你內心的「結晶」包含兩者：

- 相信直覺
- 磨練審美意識

這兩個要素若是結合，就能形成一個強而有力、清澈透明的東西。

「相信直覺」說來簡單，但對某些人而言或許會覺得不太容易。更何況提到「直覺」這兩個字，可能會有人將其解讀成靈感，或者來自神的啟示，對它懷抱著近似超能力的印象。

其實，此處說的「直覺」並不是什麼特殊能力，而是「充分利用人人皆有的五感之後所得到的答案」。不僅是你，身為現代人的我們都太習慣運用大腦，也就是語言來思考，才會對利用五感這種「非語言的思考方式」感到陌生。

實際上，當我們得到資訊時，未必一定要完全依賴大腦來思考。有時只要善用五感，身體也可以接收到必要的靈感與直覺，這就是語言形成之前的感覺。說得確切一點，就是「被某種力量推動的感受」。

「莫名地想念那個人」、「突然想去旅行」如此衝動的感觸，應該人人都有。只要忠於這種感受，就是相信自己的直覺。

你的使命不是基於邏輯來推測，而是要跟隨「被某種衝動驅使的直覺」來開拓人生。「我就知道是這樣」、「好像有點不對勁」……想要隨時培養這種直覺，勢必要對它有所信任。

靈魂類型和你一樣，同屬於「內在靈魂結晶」的知名人士有唐鳳（在2016

年，年僅35歲的她不僅成為台灣的數位發展部部長，還在2020年新型冠狀肺炎肆虐全球時，協力開發口罩地圖應用程式。亦公開發表自己是跨性別者的話題人物）。

她在《唐鳳談數位與AI的未來》這本訪談集中曾提到：「我在睡前會把工作所需的資料全都閱讀完畢。但就只是閱讀，不會當下做出任何判斷。」當事情必須有個答案時，她只會閱讀許多資料，並在不做任何判斷的情況下入睡，第二天早上醒來時，再等待答案的出現。我一直以為人稱「智商一八〇的天才大臣」的她，會從邏輯與分析的角度來考慮各種事情，但當我聽到這個小故事時，反而大吃了一驚。

因此，我希望靈魂類型和她一樣的你，能明白自己也有這種超越理性、掌握「答案」的能力，而且一定有自己的辦法得到那樣的直覺。

而另外一個中期使命，是磨練審美意識。提到「審美意識」，一般人通常會聯想到「有眼光」，當然也包括「辨別真假的能力」，不過，這裡想要傳遞的審美意識，是指注意到人們通常不會留意到、但「確實存在的那份美」。

例如，「心地善良的人」對你來說，是什麼樣的人呢？這樣的人通常和善親切，可能還會有點內向吧。而遇到態度誠懇坦率的人時，直覺說不定也會告訴我們，對方應該是一個「心地善良的人」。當然這也是原因之一，但如果你能憑藉獨有的審美意識找到「心地善良的人」，那就不同凡響了。

「那個說話總是很毒的藝人，其實內心滿善良的。雖然他說話尖酸刻薄是為了搞笑，卻沒有傷害到任何人喔。他真的是一個心思細膩的人～」應該就是這種感覺吧。

也就是說，你觀察的重點與其他人有些不同。或者，毋須任何解釋就能毫不猶豫地說出「那個人心地一定很善良」，當然也是你的風格。不受旁人意見的干擾，捕捉到那份「確實存在的美」，就是你獨有的審美意識。

要記住，你的審美意識擁有賦予他人勇氣與自由的力量。

而且這種觀察能力（審美意識）只要一成熟，在相乘效果之下，剛才提到的直覺能力也會隨之提升。

你的靈感與欣賞明確之美的能力，在未來一定會成為你開拓人生的理念與信仰。而在這個理念的旗幟之下所建立起來的世界，必定會變得更美麗、更自由。

短期使命 讓自己的直覺保持敏感

要保持敏感，也就是必須相信直覺，專注於捕捉「確實存在的美麗事物」。既然如此，當下的我們要如何迅速達成這個目標呢？讓我來提議幾個方法吧。

1＝成為備忘魔人

你的直覺十分出色。靈感雖然來得快，也去得快，屬於較為脆弱的性質，而且還不是以淺顯易懂的形式及時閃現。

它有可能是在與朋友聊天的過程當中，突然浮現在腦海裡，又或許是在看電影、看書，甚至是泡澡的時候出現，不侷限於任何特定情境。

因此，建議大家當一個「備忘魔人」，以便捕捉這些容易埋沒在日常生活之中的靈感。做筆記時，未必要用文字，畫圖也可以。不過，靈感有時會一閃即逝，大家不妨多多善用智慧型手機的錄音功能，將其當作語音備忘錄記下來。

2＝什麼領域都好，試著尋找你可以成為第一的事

勇敢創業或成為經營者固然值得讚賞，但就算沒有做到這種程度，還是希望你能找到一個最為擅長的領域。

因為「就算只有我一個人也要做！」這種獨立自主的精神，可以讓躍居高位的你，能力又更上一層樓。

另外要注意的一點是，我們要依照自己的本性，找到可以做出最好表現的領域，而不是一味地努力尋找讓自己成為第一的事物。

像我的朋友就是以「韓國偶像團體粉絲」的身分為傲，相當自負地稱自己是無人能敵的「第一名」。什麼都可以，先順著天性找找看再說吧。

3 ＝ 了解事物的應用範圍

磨練「審美意識」的方法，在於了解事物的應用範圍。

例如，流行服飾有平價的快速時尚，也有昂貴的高檔品牌，每種風格都應有其獨特的美麗與優點。只要知道這些事物的「應用範圍」，發現美的能力就會大幅提升，變得更加敏銳與洗鍊！

適合J1靈魂的生活方式

關於事業與金錢

你與從零開始創作的事業相當有緣分。這份資質可以在各種形式的事業中發揮作用，並不僅限於藝術家或企業家。

以在某個組織中工作為例，不管是成立新事業還是開發新產品，你所擁有的創意與審美意識都能一展長才。這種靈魂適合從事可以盡情發揮這些天賦的工作。

當我們在找工作的時候，或許可以從以下角度來選擇——想想這份與生俱來的才華，要如何化為對社會有益的貢獻？

另外，我們也可以在值得投資的項目上，投入足夠的資金。只要從事有利於自己的投資，說不定還能獲得豐厚的財富。為了達到這個目標，我們必須先經歷一段收入穩定的時期，這點相當重要。

關於人際關係（全面）

能讓你重拾幸福的，是通往「自己」的那條路。因此，我們這輩子認識的人與結交的朋友不需要太多。就算有很多人認同你的「內在結晶（真相）」，但我們只要有少數值得信任的人就足夠了。

如果少數幾個人對你的個性感興趣，同時也懂得尊重你，那麼，我們就可以安心保持自己的立場了。就算置身於眾多人際關係之中，也不需要察言觀色，揣測周遭氣氛。

但是，仍有些部分需要調整。比方說，你可能會因為對自己的事情太過專注，而在他人心中留下難以親近的印象。只要對這種情況有所自覺，在調整人際關係的狀態時，應該會更加地順利。

除此之外，於公於私你都不喜歡被一成不變的體系控制及管理，因為這樣你會無法自由地思考，直覺還會變得遲鈍。

你的靈魂希望自己站在持續領先的地位上，為社會帶來正面的影響（不是想成為頂尖人物，而是「維持領先的前鋒」）。

雖說管理可以讓人得到安心感及穩定，但可想而知，我們難免會有無法適應的時候。所以就算是在有管理制度的環境下工作，也要選擇一個懂得尊重自我節奏的職場。

關於人際關係（愛情與婚姻）

在試圖理解對方的心情時，偶爾反而會看不清對方真正的感受。即便是為了與異性相處，也不建議刻意去討好，或者用共鳴與同情的方式來接近對方。因為這麼做不僅會造成你的壓力，有時還可能會走錯方向。此時此刻，請想起你與生俱來的審美意識。

換句話說，我們要做的**並不是試圖理解對方的感受，而是要看見對方美好的一面**。這樣一來，就會懂得如何尊重對方，對彼此的感受更加坦白，在傳遞思緒、交流情感時也會變得更順暢。

在面對戀愛或婚姻時，我們有可能會煩惱是該選擇安定平穩，還是不斷謀求新鮮的刺激。若是感到迷惘，但內心又非常在意對方時，在考慮換個伴侶或者逃避與伴侶間發生的問題之前，有個方法可以嘗試看看。

那就是試著在眼前的伴侶身上尋求新鮮感。這種念頭說不定會讓你發現對方的另一面。此時，「看見對方內在美的能力」也可以充分發揮，派上用場才是。

可以幫助你的靈魂類型

靈魂類型屬於「J2聚光稜鏡」的人和你一樣，同屬「自我軸心型」的人，是能互相了解彼此的伙伴。他們比誰都還要清楚你的夢想和想法，而且還會從旁鼓勵你。

至於靈魂類型屬於「JM2跨越沙漠彩虹」的人，則是可以為你帶來從未想過的觀點與創意。當心中有種疏離感，覺得「反正像我這樣的人是不會有人了解」之際，會在乎你的想法及世界觀的人也是這些人。如果你打算把自己的想法及靈感付諸實踐，向他們請教或許會是個不錯的選擇。

阻礙人生的「心靈亂流」

- 感覺自己好像與人格格不入
- 太過堅持成為「獨一無二」的人
- 覺得自己「必須和○○一樣」

這些都是你為了重拾幸福時，容易遇到的挑戰。當你覺得「人生好像不是怎麼順利」時，通常都是因為這些想法在潛意識中阻擋了你本應該採取的行動。

但這可能會讓你陷在「距離重拾幸福一步之差」的地方，也就是困在「心靈亂流」之中，動彈不得（所謂的心靈亂流，是指情緒突然低落、內心感到空虛或停滯不前的人生空白期）。

遇到這種情況最重要的一點，就是記住這些困境是「回到幸福的前兆」。但是不用擔心，只要仔細觀察，就能擺脫這股亂流。

當你覺得自己好像「與周圍顯得格格不入」時，或許會有種疏離或孤獨的感受，但這也是你靈魂的特質。從某種意義上來講，當你越是做自己，越有可能顯得和周遭與眾不同。

而我們不需急於向他人解釋或過度展現自己，也不必迎合旁人期望或符合某人的理想形象。重要的是，我們對自己能否誠實。在向前邁進的同時，可別忘了確認這一點。

另外，你所屬的是一個必須與「自己」緊密連繫的靈魂，所以「**非得保持獨一無二不可！」的想法會相當強烈**。這個想法確實符合你的個性，但是太過執著的話，情況反而會演變成「我不想去模仿別人！無論如何我一定要堅持走自己的路」。

這樣固執的態度不僅會阻礙你發展人生，還會影響到你的靈感與創造力。若是因此而失控，說不定還會反過來攻擊那些否定了自己的人事物。

在這種情況之下，我們不妨試著換個立場自問：「其實這根本就不是什麼信念或執著，只是害怕自己被否定，不是嗎？」

就算察覺到這一切都是恐懼造成的，我們也沒有必要強迫自己否認恐懼。縱使感到不安，我還是希望你能一步一腳印地，選擇一條誠實面對自己的道路。

驀然回首時，你會發現自己竟然在不知不覺中，穿越了這股亂流。

而另外一個課題，是覺得自己「必須和〇〇一樣」的時候。

對你來說，這是一種非常不像自己的感覺。因為在這11種靈魂類型當中，你那種「以自我為生活軸心」的態度是最明顯的。

其實對你個人來說，**自我軸心，也就是正確答案，根本就不存於外界或他人之中**。

得到他人認可或評價並不是你的目標，但如果你有這種感覺的話，就代表在你內心深處可能存在著某種「巨大的傷痛」。

比方說，小時候經常被父母拿來與年紀相仿的兄弟姊妹或鄰居小孩比較，所以心靈受了傷，或者只要被拿來比較，就會得到稱讚。

當你察覺到自己出現這種情況時，我希望成年後的你，能好好珍惜並承認自己過去所經歷的這些事。因為這是一個在磨練直覺與審美意識的同時，允許自己按照自我軸心，而非依他人的標準來生活的機會，亦可讓你的靈魂提升到獨立自主的層次。

從某種意義上來講，成為一個可以超越這些認可與評價的自己，就是擁有「內在靈魂結晶」的你，所要完成的使命。

重拾幸福的重要徵兆

對你來說，重拾幸福的徵兆大多存於「非言語之間」。例如，那些不經意走過（或想去）的地方、忍不住去見（或想見）的人。在這個時代，常在網路上看到的影片與部落格也包含在內。

就算無法透過理性解釋自己為何會被吸引那又何妨？既然這是你的選擇，想必一定會有某些共同之處。

只要察覺這一點，就能重拾幸福，而且你的結晶也會因此散發出光芒。另外，若能透過冥想之類的習慣為自己創造良好狀態，相信你的直覺一定會捕捉到重要的人生信號。

CHAPTER 3

聚光稜鏡

—— J2 ——

當你真心為某人的幸福祈禱時，

你會發現有個「堅定不移之物」默默住在靈魂深處。

「對了，這有可能是我！」

當你試圖將那個「堅定不移之物」展現出來時……

轉眼間，那個「東西」竟開始聚集他人燦爛的笑容！

而你，只是一個以自我方式存在的聚光稜鏡，

是一個將這些光芒變成繽紛色彩、

再次投向世界的稜鏡。

只要有你在，這個世界就會光彩奪目，輝煌燦爛。

「聚光稜鏡」的使命

靈魂屬「自我軸心型」的你，尋求的是自我意志的建立。

以「聚光稜鏡」為使命的你，若要重拾幸福，勢必要比別人更加密切地與「他人」連繫，好好建立關係。

只要這麼做，你的靈魂就能實現必要之事。你可能會想，明明是自我軸心型的靈魂，為何與他人建立關係這麼重要？

提到「與某人建立關係」時，也許會讓人聯想到戀愛、結婚，或者交到一個獨一無二的知己。但對於自我軸心型，也就是以獨立自主為核心的你而言，「向某人傳遞自己的信念」或「希望自己能對某人的喜悅及希望有所回應」之類的形容，說不定比「與他人建立關係」來得更為恰當。

那麼，與「他人」建立關係以重拾幸福的使命，所指的究竟是什麼呢？

這樣的主題往往有點抽象，因此我們要將使命分為以下三個階段來說明。

- 長期（終身追求的目標）
- 中期（要隨時準備的事）
- 短期（最好今明兩天就開始的事）

長期使命

蒐集喜悅

你這輩子要努力追求的使命，就是「蒐集喜悅」。

這表示找到自己的快樂固然重要，但蒐集他人的喜悅也同樣不可或缺。換句話說，我們可以藉由展現自己的喜悅來讓人們開心，亦可為了看見別人的笑容而表露自身的喜悅。

總之只要以你為軸心，喜悅就會凝聚而來。

我們的軸心若是加入「他人」的觀點，個性就會被激發出來，進而想起幸福的感覺，並建立起自己的軸心。

比方說，「看見別人的笑容是一件幸福無比的事」、「明明只是忠於自己的喜悅、做喜歡的事，卻發現為許多人帶來了勇氣」。透過這樣的生活方式，站在大舞台上蒐集更多歡樂，就是你的靈魂所肩負的使命。

縱使沒有站上大舞台，身旁的人也會認為你是一個「無可替代的人」，因為你會接受來自周圍的亮光，宛如稜鏡般，將其轉換成絢麗多彩的燦爛光芒之後散發出去。

中期使命 不讓內心的喜悅擦身而過

「稜鏡」是用玻璃等材料製成的透明三角柱，可以改變光的方向或使其分散。

但是稜鏡若要發揮作用，就必須要吸收光線，之後再改變光的方向及數量將其

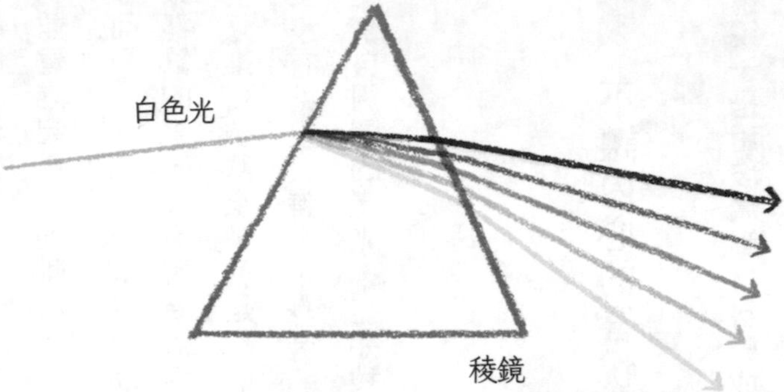

反射出去。

換句話說，你的使命是蒐集喜悅並使其多樣化，之後再傳送或擴散到需要它的地方。為了完成使命，你必須要隨時做好以下準備：

- 誠實面對自己的喜悅
- 讓喜悅感應器保持敏銳
- 重視「希望讓某人開心」的想法

如你所見，所有關鍵皆在於「喜悅」，這些亦可替換成「樂趣」、「感動」或「幸福」。這些事情可以讓身為「聚光稜鏡」的你，提高準確度，所謂「提高準確度」，就是在所需的地方散播歡樂。

因此，我們要先「誠實面對自己的快樂」，這點比什麼都還重要。比方說，你在做什麼事的時候，會感到喜悅與快樂？是否覺得生命相當有意義而且充實？這些都會隨著你直面自己的內心而越來越清楚。

很久以前，有位友人在為朋友挑選禮物時這麼跟我說：「A非常明確地讓我知道他喜歡的顏色、花和食物，所以我知道送什麼樣的禮物他會喜歡！我也想好好向A學習，讓大家知道我喜歡的東西。因為不管是誰，都會想要讓別人開心，不是嗎？」

這番話，讓我知道明確表達自己的喜悅也能為他人帶來快樂。人類天生就是一種想讓別人感到幸福快樂的生物，要是知道怎麼做會讓對方開心時，自己也會欣喜無比的。

關於這點，有件私事想與大家分享。我兒子在差不多四歲的時候，曾經送我一份生日禮物，是瓶包裝得非常可愛的洗面乳。

當我們一起去購物中心時，手中握著幾百日元的他，似乎想要單獨行動十分鐘，於是我在一旁觀望，看他自己一個人和店員商量，把東西買回來。看見我如此高興，他似乎也相當滿意。這件事讓我深刻體會到就連這麼小的孩子，也會想要看見人們高興的模樣。

你的靈魂就如同我們一再強調的，匯集了許多人的喜悅。只要你知道自己的欣喜、快樂與愛好為何，這份喜悅就會隨之倍增。

「我只做我喜歡的事情。我會用我喜歡的事物來開創我的人生。」（I do not only whatever you want. I have my life, it has been opened up in just that he likes.）

這是靈魂類型和你一樣也擁有「聚光稜鏡」的世界知名時尚設計師，可可・香奈兒的名言。忠於自我喜悅的她，最後成為了一位吸引眾人目光的設計師，不僅留名青史，至今依舊為世界各地的女性帶來繽紛色彩與歡樂。

她的這番話，或許能讓你體會到「誠實面對自己的喜悅」是靈魂的首要任務。而「讓喜悅感應器保持敏銳」也是我們日常的使命。

身為占卜師的我，在聆聽許多人的煩惱時，常常會遇到一個問題，那就是對方「不太能理解何謂歡欣雀躍的感覺」。喜悅與快樂的感覺是非常積極正向的。意外的是，有時人們卻不知道要如何去感受。

因為人類在面對感情時有一個原則，那就是不管情緒正面或負面，只要關閉其中一個，所有的感情也會跟著被封鎖起來。從許多人的煩惱來看，**我發現「憤怒」的情緒若是遭到壓抑，「喜悅」的感情似乎也會變得遲鈍。**

這是理所當然的。因為只要一提到憤怒的情緒，往往讓人聯想到傷害他人的攻擊性行為，但是就本質上來講，憤怒其實是一種說得出「不」的能量，可以用來保護自我尊嚴與重要事物。

換句話說，這樣的情緒是用來表達「我不喜歡這個」的時候。若是壓抑了這種情緒，那就無法同時感受到「我討厭這個！」與「我喜歡這個！」了。

說得極端一點，如果想提升「喜悅的敏感度」，就要同時培養說「不」的能力（關於這點會在後續再詳述，因為這是一個與你的靈魂息息相關的課題）。

簡言之，接受並意識到自己獨有的喜怒哀樂是件很重要的事。然而，希望大家不要誤會，關鍵並不在於有沒有把這些情緒發洩在別人身上或表達出來。重要的是，自己要接受及承認內心所浮現的喜怒哀樂。

最容易實踐的方法，就是看電影時將自己的感情投射到角色身上，隨之歡笑或哭泣，這麼做也會有助於提高感知能力。

另外，懷抱**「希望有人幸福！」**的想法，也是一個重要使命。

說到日本知名的搖滾歌手之一，那就不得不提矢澤永吉，他的靈魂類型與你一樣。曾經有個電視專訪節目，介紹他在演唱會前三天獨自一人從開場排演到結束的場景。「讓觀眾開心」是他全心全意追求的目標。

對你來說，使命不僅僅是「忠於自己的快樂」，還要「珍惜純粹想讓人快樂的心情」。「希望某人能快樂」的念頭，也包含了「喜歡為別人的歡樂加油」。

「那要如何為對方加油？」「要成為什麼樣的人才會得到支持？」「很高興有人支持我！希望有人也能體會到這份喜悅。」「支持那些向世界傳播歡樂的人，真的很開心！」不管是支持他人，還是受他人支持都無妨，只要透過「支持」，就能從與對方的這層關係之中找到快樂。

短期使命
表達喜悅

表達喜悅，也就是忠於自己的快樂，並為自己蒐集更多喜悅。既然如此，當下的我們要怎麼做才能實現這個目標呢？讓我來提議幾個方法吧。

1 告訴親近的人你「最喜歡」的東西

這是一件平淡無奇的事，卻飽含著與「喜悅」有關的各項使命。

首先，你必須縮小範圍，明確知道自己最喜歡什麼。在這個過程當中，你可以「了解自己的快樂何在」。

另外，告訴對方你最喜歡的東西，也意味著「追求喜悅」。只要追求喜悅，就能讓對方知道如何取悅他人。知道你最喜歡的東西之後，說不定哪天對方會為你準備一份驚喜。如此一來，我們就有機會能「接受這份喜悅」。

告訴你所愛的人自己喜歡什麼，不僅是「真誠面對自己的快樂」，同時也是「重視純粹希望他人高興的心意」。

2〃帶著感激之情送禮給別人

當你真心「想讓某人開心」時，最好的辦法就是直接表達你的感激之情。沒有人不喜歡聽到「謝謝」這兩個字。或者，贈送一份小禮來聊表謝意應該也是個不錯的方法。

這是一個會讓你的靈魂雀躍無比的時刻。當你覺得人生幾乎走投無路時，這樣的「禮物」會使你的靈魂重獲光明。

3〃所做的事，要能讓自己認真說出「交給我吧」這句話

在日常生活當中，只要是你懷抱著愉悅的心情去做的任何事，就必定會讓你重拾幸福。

因此，當有人拜託我們幫忙時，請記得不要再照單全收了。是否要伸出援手，端視你能不能發自內心說出「那就交給我吧」。

適合J2靈魂的生活方式

關於事業與金錢

「樂在其中」才是你工作的重點，因為這份樂趣攸關你是否能獲得成就感。這種平衡一旦被打破，工作在你的心中恐怕就會變得乏味。但要注意的是，光追求樂趣是不夠的。

除了自我肯定、接受評價及享受樂趣，你從事的這些工作對社會來說，是否有意義？開心賺錢之餘，這份工作能否讓自己成長？不只是滿足於助人所帶來的成就感，這份工作又能否讓你因為才華得到了發揮，而感到滿心喜悅？這些問題都要好好捫心自問。

在金錢方面，靈魂屬於這種類型的人，可以極端地分成「量入為出」以及「賺越多花越多」兩種。有些人則是在這兩者之間來回調整。

然而，我們賺錢的動機，無非是「希望別人幸福」，自己若不開心，那就沒有意義。所以只要這個軸心不動搖，經濟上就不會有太大的落差。

關於人際關係（全面）

重視與「他人」連繫的你，因為靈魂屬於自我軸心型，所以不會順從他人的感受，也不會依偎在旁。

你是會意識到對方存在的人。正因如此，個性才會越來越豐富多彩，進而成為一個可以賦予對方力量的靈魂。

換句話說，**我們並不希望自己陷入「太過緊密的人際關係」**，但這不代表你喜歡孤獨。對你而言，有人需要我們的才能與魅力才是最重要的，但是看在他人眼裡，或許會有點複雜。因此，若是有人能理解這就是你的本性，相處起來應該會更加融洽。

那麼，我們到底擅不擅長與他人合作呢？關於這點，只要對方在某個程度上懂得尊重你的堅持、喜好與步調，大致上就沒有太大問題。

但是，與其和大家一起熱熱鬧鬧地工作，不如在有影響力的人身旁擔任他的得力助手，或者讓自己成為有影響力的領導者，這樣反而更容易展現出你的才華。

關於人際關係（愛情與婚姻）

基本上，你在待人處事上充滿了關懷與熱情的一面。

與你熟稔的伙伴看見如此的你，也會期望得到相同待遇。然而，靈魂屬於自我軸心型的你，並不希望彼此的關係太過互相依賴，這一點有時反而會讓對方感到不安。

另外，偶爾你會以自己的方式來表達感情，但是對方卻未必能理解。既然如此，那就讓我們好好確認及理解彼此的想法，事先做好心理準備，告訴自己雙方都沒有惡意，而且這樣的誤會可能會經常發生。

至於戀愛及婚姻方面，若要加深羈絆，當然就要充分了解對方。但對你而言，**先讓對方了解你反而比較重要。**

像是：什麼時候會覺得開心？想與對方共度什麼樣的時光？哪些事情會讓你心情不好？這些事情只要好好溝通，就能讓對方順利表達出對你的愛。

不管兩人之間的關係有多親密，你還是會希望彼此之間能各自擁有獨立的世界，以及自主的關係。

以夫妻為例，就算臥室在一起，書房也要分開；就算共同去旅行，也需要有單獨行動的時間。當然，也可以配合對方的意願來調整，但如果只是「一味遷就」另一半，只會讓你感到不自在，這也是你的靈魂特徵。

既然如此，就有必要事先和對方討論「我期望的是怎樣的關係」。

可以幫助你的靈魂類型

靈魂類型屬於「J1內在靈魂結晶」的人和你一樣，同屬「自我軸心型」，是能互相保持舒適距離、建立獨立關係的伙伴。雖然不常膩在一起，卻能透過共同目標的設定來創造一些有趣的事物。

此外，靈魂類型屬於「JM2跨越沙漠彩虹」的人，能夠喚起你從未察覺的魅力與才華，堪稱最佳拍檔。有些人的評價會稍微嚴苛，有些人則是會給予讚賞，但是他們的提醒都相當中肯，可以刺激我們成長。

阻礙人生的「心靈亂流」

- 為他人服務的熱忱開始失控
- 對方若是感到失望，會覺得是自己的錯
- 很難冷靜下來

這些都是你為了重拾幸福，而容易遇到的挑戰。許多時候，這些想法會在不知不覺中主宰你的行動，導致人生陷入泥沼。

而在展現自己的魅力及才華的過程裡，這些挑戰就像是「心靈亂流」，容易導致你深陷困境，動彈不得。

重要的是，我們要自覺這樣的僵局會讓你難以展現出魅力。只要稍微留意，就能脫離這股亂流。

第一個要擺脫的，就是失控的服務熱忱。你的靈魂肩負著為自己和他人帶來歡樂的使命，有時這個使命會因為走得太前面，而讓我們陷入服務精神太過旺盛的「晴空亂流」之中。「想要得到肯定」的慾望變得太強烈時，就會出現這樣的晴空亂流，哪怕對方只是輕皺眉頭，你也會不小心太過在意。

遇到這種情況，思緒往往會紊亂不堪。不知是該讓對方開心，還是讓自己得到認同。要是不幸陷進這股亂流之中，最重要的是盡快回到自我軸心，也就是**拾回「心中的快樂」**。

對方的喜悅，在於看到你開心的模樣，因此，你能否快樂是一件非常重要的事。你微笑的影響力相當巨大，這點要好好牢記在心。

另一個容易讓人陷入其中的心靈亂流，是「面對靜不下來的自己」。換句話說，就是「不太懂得休息」。這或許是個看似平凡的課題，但只要能擺脫這股亂流，人生說不定就會截然不同。

因為允許自己「放鬆心情、好好休息」，其實與「讓自己開心、帶給自己歡樂」

有密不可分的關係。

拋下日常的職責與工作、享受那些看似毫無用處的娛樂活動、漫無目的地去陌生的地方旅行、狠狠地睡一覺……發呆的時間可以讓我們拓展思緒，激發創造力，還有使自己和別人想起那些快樂的時光。

以音樂來舉例，就好比讓歌曲或旋律更加動聽的「休止符」。沒有休止符的音樂往往會令人窒息。

當人生不順或陷入瓶頸時，不妨先擱下手中的難題，稍微喘口氣。你會發現妥善休息過後，事情竟然能進展得更加順利。所以我希望大家都能懂得好好放鬆心情。

重拾幸福的重要徵兆

「謝謝！」「實在是太開心了！」當這些話不經意地脫口而出，或者聽到別人這麼說時，以某個層面來講，應該算是重拾幸福的徵兆之一。

這代表你正活出自我靈魂的渴望。當你遇到這樣的徵兆時，一定要用心體會這份幸福，因為它會滋養你的靈魂，讓你擁有找回幸福的力量。

另外，發現自己被某位名人或藝人吸引時也是一個跡象。

首先，我希望大家能好好欣賞他們，感受靈魂的那份喜悅。同時記住一點：其實在你心中，也擁有和那位名人一樣的光芒與魅力。

不論年齡與外表，你們之間應該有一些共同點，所以我們要試著辨識出來。只要接受這樣的光芒，在你心中的稜鏡一定會反射出更加繽紛燦爛的色彩。

CHAPTER 4

洞察未來之眼

—— J3 ——

現在世界上的人正描繪著什麼樣的未來呢？

是希望？還是不安？

你的眼睛映照出你所相信的未來。

眼前所見的景色，對於擔憂未來的人來說，

應該會成爲持續前進的光芒吧。

深深祈禱的你如此說道：

「將幸福的魔法投向未來，就是我們的使命。」

而隨着這樣的祈禱，你將會重拾幸福。

「洞察未來之眼」的使命

靈魂屬於「自我軸心型」的你，尋求的是自我信念與意志的建立。尤其是具備「洞察未來之眼」的人，若想重拾幸福，就要比別人更努力地與「世界（社會）」建立連繫。只要這麼做，你的靈魂就會吸引必要之事或邂逅。

若能好好掌握「讓世界變得更好」這個自我軸心，你思考的方式就會無限地拓展，甚至走到更遠的地方。此時，你的靈魂會感到舒坦無比。

身處這個世界的你，會希望自己的身體、心靈與思考都能夠無拘無束。因為你的靈魂希望將注意力放在更為整體及普遍的事情上，例如：「人該如何生活？」而非只是思考個人與日常事物。

不僅如此，靈魂屬於自我軸心型的你，還要與世界及社會的人們攜手合作……說得更準確一點，你需要將自己的存在投入於世界及社會之中，以便與他人共同創造未來。

那麼，我們要怎麼讓世界變得更快樂呢？要如何將它與自己的幸福連繫在一起？你的使命，在這裡要分成三個階段來說明。

- 長期（終身追求的目標）
- 中期（要隨時準備的事）
- 短期（最好今明兩天就開始的事）

長期使命

對未來建立信任

你這輩子要努力追求的使命，就是「建立（或是重建）對未來的信賴」。

這不僅攸關你自己的未來，也是為了建設一個場所，能夠讓人信任全體社會的未來。

以占星術的角度來看，2020年是這數百年首次迎來重大改變之年，也就是從「地的時代」轉變為「風的時代」。而現在正處在時代交替的動盪期。若站在負面的立場，來解讀時代動盪所造成的影響，未來就會變得難以預測，甚至變成一個不易得到安全保障的時代。而在這樣的時代裡，重建對未來的信任，就是你的使命。

- 靠自己的力量創造一個人人都能獨立、彼此之間互相扶持的世界
- 不因社會權威或常識而退縮，勇於成就自認為是「好的」事物

只要秉持這樣的態度，你在開拓自我未來的姿態，必定會讓許多人想起對未來的那份信心。

中期使命 瞄準希望

你的靈魂之所以擁有「洞察未來之眼」，是為了履行「對未來建立信任」這個

使命。

順帶一提，我們的眼睛是有顏色的，眼球裡存在著「虹膜」。大家知道嗎？當我們置身在暗處時，虹膜會放大，好讓眼睛吸取更多光線。

身在暗處時，眼睛之所以會慢慢習慣黑暗，視線變得越來越清楚，一切都要歸功於虹膜。既然「洞察未來之眼」是我們的使命，那麼就算世界被黑暗所籠罩，我們的眼睛依舊能夠聚集光明。

也就是說，就算當今世上的其他人無法找到希望，你依然能夠在未來找到希望。這並非因為你能預知未來（雖然有人是如此），而是你非常清楚，自己的存在方式決定了未來能否找到光明。

即使有人預測社會將變得越來越糟糕，還是有一些人知道人類要如何突破重圍。為什麼？因為你的靈魂與生俱來就擁有「每個人都會幸福」的信念。

無論人生有多黑暗，你所居住的世界或眼前的人們有多潦倒，你的靈魂都絕對不會因此動搖。回到那種感覺的你將會重拾幸福（變得幸福）。為此，我們有幾件事要努力。那就是：

- 明白就算自己的意見與大多數的觀點不同，也不需要被當時的氣氛所影響（因為懂得尊重對方，所以不怕被反駁）
- 操控觀點

首先是「明白自己不需要被當時的氣氛影響」。不過這句話，並非要你「不顧周圍，保持距離」，而是希望你能穩住核心，別讓「只有你能看見的美好未來」迷失了方向。

假設在你身旁有兩個派系發生了爭鬥。擁有洞察未來之眼的你，看見這兩個「派系」都有美好的將來。這場爭鬥本身其實具有正面的意義，因為「下過雨後，地面會變得更加穩固」。

但是我們的視線若是離開了如此美好的未來，讓情緒捲入這場鬥爭之中，甚至支持其中一方並攻擊另一方的話，你那能夠洞察未來的雙眼不但會誤判情勢，還會變得模糊不清。

就靈魂層面而言，你絕對不會捲入那場鬥爭之中。話雖如此，也不能置之不理。尤其身旁的人若是因為這場派系鬥爭受到傷害，那就得好好留意，並且採取較為強硬的態度告訴當事人：「有人因為你們的爭執而受傷了。」讓對方知道這個事實。

在考量當下情況的同時，也不要讓自己捲入紛爭裡。再重申一次，即使身處在黑暗之中，你還是可以看見立於前方的未來。不如說，秉持這樣的態度也是你的使命之一。

再來，談談「操控觀點」。

這對你來說也相當重要。越是知道看待事物不能只有單一觀點的人，腦子就越能夠迸出「不同的可能性」與「新的方向」。

對你而言，從不同角度來看待事物非常重要，因為這樣才能發現其他人容易錯失的「可能性」。

不過「操縱觀點」所指的並非只是擁有多種視角，還要能夠在這些觀點之間靈活切換。

例如身為作者的我，在讀者眼中既是「占卜師」也是「作者」，但在家裡的話，情況就不一樣了。從丈夫的角度來看是妻子，對兒子來說則是母親。

當你試圖從各個角度來了解「影下真由子」這個人的時候，不僅需要多元的觀點，你那能靈活運用這種觀點、懂得「洞察未來的雙眼」說不定還會發現我的新潛力。

其實，你的靈魂最擅長的，就是在事實與概念這兩個完全相反的觀點之間來回調整。什麼是事實與概念？所謂事實，就是「某處所呈現出的事情全貌」；概念，則是指「內容的大意」。

假設我們眼前有個杯子。如果杯子只是放在眼前，那單純的事實就是——「喔，有杯子」。但若是思索與這個杯子有關的概念時，會是什麼情況呢？就會變成「裝飲料喝的餐具」、「可以攜帶液體的容器」等等，再進一步擴大，「只要是液體，基本上都可以注入其中」諸如此類的概念便會油然而生。

所以這個「單純的實體杯子」才會拓展出全新的可能性，除了幫助我們解渴，還可以用來灌溉植物等等。

這樣的印象雖然難以用言語來解釋，卻有可能是你無意之中所做的事，而且比其他人還要希望從某個事實裡找到更多可能性。

只要稍微意識到這一點，重拾幸福的感覺想必會更加強烈。就是因為你觀察事物的角度豐富且多樣，才會看到比誰都還要幸福的未來，所以正向思考並非絕對必要。

短期使命

尋找身邊的美好事物

也就是在不受周圍影響的情況之下，操控觀點。

既然如此，當下的我們要怎麼做才能立即達成目標呢？以下提供幾個方法。

1＝觀看世界地圖或地球儀，或者將其放在身邊

能夠操控各種觀點也是你迷人之處。

只要掌握自己生活的世界規模，就會更容易捕捉重拾幸福的感覺。而實現這個目的最簡單的方法，就是「俯瞰世界地圖」。最近的手機應用程式也能讓我們有此體驗，大家在日常生活中不妨善加利用。

只要透過直覺灌輸壯麗的規模感，就能漸漸培養出俯瞰整體的觀點。這樣平常在觀察事物時，**視角不僅會更加豐富，也能從中找到全新的概念。**

比方說，眼前有一道因為自然現象而出現的彩虹。一般人看到彩虹時，可能會說出「哇，好漂亮喔！」或者「不吉利！」之後就這樣結束話題（彩虹在各國定義不同，有的象徵幸運，有的則是不祥之兆）。

但是具有豐富觀點的你，看待彩虹的層次就會提高，深深體認到「原來彩虹對人們的心靈有如此影響呀」。說不定還會善用「對人們產生巨大的影響」這個特性，為彩虹創造出全新的印象，進而孕育出某種藝術品或商品。

這樣的「俯視感」也可以從世界地圖及地球儀中獲得。

2＝將學到的東西與他人分享

你那渴望學習新事物、獲取知識的念頭，與希望向他人分享的慾望是相等的。換句話說，應該要同時考慮如何輸入和輸出。

試著將學到的東西與人分享，就越能刺激你學習的慾望。而且學得越多，就更想與他人共享這些智慧！

3＝即使是負面新聞，也要以「世界會越來越好的角度」來看待

這正是你最有影響力的使命。而且可以在日常生活中輕易實現它。

倘若妳是一名家庭主婦，就算電視在報導令人痛心的意外，也不要以震驚的心態來看待，而是從「看到這則新聞的我們，要怎麼做才能避免重踏覆轍？」這樣的角度去思考。

數年前，日本有一本銷售量破百萬冊的暢銷書籍，《真確：扭轉十大直覺偏誤，發現事情比你想的美好》，這是一本站在確切的立場，描繪世界其實已經漸

入佳境的書。

而擁有「洞察未來之眼」的你，或許也可以翻閱看看這本書。

適合J3靈魂的生活方式

關於事業與金錢

你的靈魂總是「想要做些好事，讓事物變得更美好」。若是單純為了賺錢而工作，這股動力恐怕難以保持下去。

工作條件完善固然重要，但你那顆向上的心是否會就此得到滿足呢？精神上又是否自由？這些應該都是工作上的重要因素。

進一步來說，擁有豐富視角的你若能擔任領導者的職務，靈魂一定會歡喜無比。「與他人分享所學之事」等工作也非常適合你。

而金錢方面，優點在於，你是一個不會讓金錢左右一生的人。不管有沒有錢，重拾幸福的力量永遠都在你手上。

由於有時會需要稍微大膽地使用金錢，因此最好先設定好支出的最大額度，也就是在某個範圍內，制訂一個屬於自己的金錢管理規則，這樣或許會更好。

另外，也鼓勵大家多多投資於你有興趣學習的事物上。

關於人際關係（全面）

靈魂屬於自我軸心型的你，在人際關係方面總是希望能獨立自主。即使彼此的行為、思考方式及價值觀有所差異，只要能夠互相切磋琢磨，對你來說也會成為一段良好的關係。

尊重彼此的世界觀，正是你向對方表達愛意的方式。但對於那些想要透過情感及共鳴來與對方維持關係的人來說，這樣的方式反而會讓人覺得彼此之間經常擦肩而過。

在這種情況之下，你非常容易會扮演起照顧對方的監護人角色。但只要兩人的關係發展成可以互相傾訴理想與願景、彼此聲援與支持的話，你的靈魂就會得到活力。

不僅如此，擁有豐富洞察力的你，在人際關係方面不但懂得尊重對方的立場，還善於創造一個人人都能成長的環境。

可惜的是，你並不擅長配合現場氣氛加以應對。不過，我們並不需要強迫自己打入某個圈子之中。

無論如何，你的靈魂所渴望的，是**「每個人都能夠共同成長」**。

就這個角度而言，不管是在團體還是類似公司這樣的組織，在場時只要覺得自己格格不入，那就沒有必要屈服或妥協。只要將其理解成是一個提示，也就是「自己在這種情況之下比較適合站在領導群眾這一方」，這樣就可以了。

關於人際關係（愛情與婚姻）

人在戀愛的時候，當然會因為喜歡對方而為之瘋狂。

然而，你越想認真與對方交往，就越覺得光是靠「喜歡／討厭」這樣的感情來連繫彼此是不夠的。

你是一個要與「世界」連繫才會感到幸福的人。換句話說，你會期望與對方手牽手，一起與世界連繫。當然，這對另一半來說，也有助於他的成長。但對方若是無法理解你心中所追求的理想，兩人之間會非常容易意見分歧，甚至澆熄你的熱情。

也就是說，明明想要真誠地對待對方，但是炙熱的心卻慢慢地熄滅……這種情況也並非不無可能。

面對此情況，最重要的一點，就是先知道「冷淡」並不等同於「愛情消失」。因為你不是變得冷淡，只是感到遺憾。

從這個時候開始互相分享自己對人生的期望，或者試圖引導對方說出自己的夢想和抱負其實並不晚。

這不僅可以用於愛情，還適用於工作伙伴身上。因為你是一個無時無刻都希望對方能有所成長的人。

但是有一點要留意，那就是**不要將自己的理想強加於對方**（即使是無心的），更不要輕易感到失望。你期望對方做的事，有時可能會激發對方的潛力。不過別忘了，對某些人來說，這也可能會成為一種壓力。

若是發現到自己有這種情況，只要將你對他人的「期待」轉變成「支持」，一切就會開始變得順利。

可以幫助你的靈魂類型

與「M1編織神話之手」這個靈魂類型不同的人在一起時，他們會幫助你克服弱點，完成能力未及之事。當我們想要完成一件優秀的作品時，他們會是值得依賴的夥伴。

互相學習是一種樂趣，你們之間可以發展成給予彼此刺激的學伴。

靈魂類型屬於「M3連繫光明與黑暗的絲帶」與「M4跨越時光之海的船舶」的人，肩負的使命雖然與你不同，但在希望世界更美好這個願景上卻與你有著共同的要素。

所以你們之間有著並肩切磋、共同努力的緣分。而且還是激起彼此的工作熱誠、互相合作的好伙伴。其中的關鍵在於共享目標。

阻礙人生的「心靈亂流」

- 「我必須長大成人！」的想法
- 「想要信任，但卻心有疑慮」的糾葛

這些都是讓你在人生中感到「明明很努力，卻不盡人意」的原因。

在你重拾幸福的過程當中，會出現一個容易使人被捲入的「心靈亂流」。一旦受困於其中，就會動彈不得。

然而，這種困境是你尚未發揮潛力所造成的，只要察覺到自己正身陷瓶頸，就能慢慢突破重圍，掙脫這股亂流。

那麼先來談談第一個亂流。

倘若你總是希望成為對世界有益的（好）人。不論性別、年齡及立場為何，你都是旁人眼中值得信賴的對象，許多人的生活更是因為有你在而感到安心。

只不過偶爾，**你會因為太害怕受傷，而強迫自己繼續扮演一個「可靠的大人」**。坦白說，你確實可靠，但同時也是一個渴望身心能擁有自由的人。成為旁人心中值得依賴的人固然是你的本意，但你應該不是自願被「可靠的大人」這個角色所束縛。

因此，當事情停滯不前時，不妨確認一下自己是否太過糾結在這個角色上。

順帶一提，對於一直希望保持善良的你來說，暫時放下甚至辭去這個「可靠的角色」往往會造成你背負某種罪惡感。這或許是你在過去向某人展示「孩子氣的自己」時，曾經讓周遭人感到失望，或得不到預期反應的經歷讓你產生了這樣的想法。

但是你那充滿善意的天真，卻有著討喜的魅力。只要接受這樣的自己，就能夠突破這股亂流。

接下來是第二股亂流。你是否偶爾會覺得「內心深處有一個對旁人缺乏信任的自己」呢？

其實你比任何人都還要更無防備地相信這個世界，是一個對世界敞開心胸的靈魂。既然如此，內心為何會「對信任感到恐懼」呢？其原因在於「你的洞察力極為敏銳」。正因為能從對方身上看見他人不曾發現的資質，所以才會產生這種恐懼。

此時此刻的你，不需苛責自己。這種恐懼可以轉化成愛，你擁有看清對方的優缺點，並接受他們的能力。要記住，如此強大的力量就握在你手中。

重拾幸福的重要徵兆

剛才提到虹膜「會在黑暗中試圖捕捉光線」因此，當你試著在黑暗中捕捉光線的一刻，希望你不要錯過那個徵兆。

比方說，若人們遇到令他們傷心絕望、走投無路、前途一片黑暗的事，你脫口而出的一句話說不定會成為轉機，讓當下的氣氛慢慢變得明亮起來。

另外，當你獨自面對世上的那些負面新聞時，也許會發現「儘管如此，我還是可以繼續向前邁進」的自己。

在這個佈滿黑暗的世界裡，努力抓住希望之光的那一刻，就是一個徵兆。比方說，你會試圖「不讓自己屈服於權力及權威之下」，或者是突破「時間和規則等限制」。

此時的你，應該會察覺到內心深處那股微小卻充滿活力的戰鬥精神。

就某個層面來講，這個精神或許是種「戰鬥」的能量，但並不是為了攻擊而用來踢倒、傷害他人的武器。這是為了持續培育重要事物，將可能性擴展得更遠的「開拓精神」。

不安當然也會隨之而來。但這股不安也是你不想傷害他人所展現出的溫柔。

讓我們認同這樣的自己，繼續向前邁進吧。這才是重拾幸福之路。

CHAPTER 5

睿智之樹

J4

在這不停流逝、永恆悠久的時光裡，

身爲人類的我們竟是如此渺小，一生轉眼即逝。

不過你的靈魂十分清楚，人的一生有多尊貴。

因爲偉大時代的洪流是用每個人的年輪編織而成的，

少了一個就不成形。

無論是曾經帶給他人幸福的過去，

還是充滿懊悔的以往，

對這整個時代而言，都是值得珍惜的年輪。

而你，將會成爲包含這些年輪在內的睿智大樹，

並將這份偉大的愛傳遞給未來。

「睿智之樹」的使命

你的靈魂在自我軸心型當中，屬於追求與最大規模的「時代」相連繫的類型。你會試圖在這段流動的時光當中，扮演一個活在當下、履行使命的人。對於一般人來說，只要眼前與身邊的事物順利進行，就心滿意足了，但是你不一樣。你非常重視所有人事物累積而成的「歷史」。

你的靈魂渴望能感受並且活在超越當下的場景、跨越時間流動的時代。

那麼，要如何善用過去累積的經驗？從現在起要怎麼做未來才會變得更好？就讓我們秉持這樣的觀點，活出一個可以傳承給未來的現實生活吧。在這當中，我們會尊重每個人從過去到現在所經歷的那些價值與智慧。只要保持這樣的自我，就能重拾幸福。

那麼具體來說，與這個「時代」連繫以重拾幸福的使命，究竟代表了什麼？

這是個非常龐大的主題，因此，我們要將使命分為以下三個階段來說明。

- 長期（終身追求的目標）
- 中期（要隨時準備的事）
- 短期（最好今明兩天就開始的事）

長期使命　親手打造可將過去傳承到未來的世界

你一生所追求的使命，就是「親手打造可將過去傳承到未來的世界」。

聽到這句話的你，是否覺得：「光是自己的事就已經忙到焦頭爛額了，哪來的餘力擴大範圍？」

然而，這麼說並不是要大家做出「具有歷史意義的事」，或者是「成為時代的寵兒」（當然，要這麼做也是可以）。

最重要的，是要把自己的過去視為一個無可替代的寶物——不管那是什麼樣的過去。除此之外，你還要將周遭的人以及整個世界的過去化為自己的智慧。這些就是你的使命。

許多人到了某個年紀之後，會擁有一些幸福的往日時光，以及一段充滿傷痛與懊悔的過去。你的使命，**並不是將自己或周圍人的過去視為單純的往事，而是把這一切化為當下生活所需的養分。**

基於你這麼做的前提之下，這樣的處事方式說不定也可以擴展到旁人，讓其他人跟著如此行事。

若要讓名為自己的這朵花盡情綻放，勢必要有厚實的根基，然而這非一夜就能促成。過去所培養的土壤及環境會大大影響每個人的成長，這一點你比誰都還要清楚。

這樣的你，可能會藉由以下幾種生活方式來發揮使命。

- 尊重對方的歷史和經驗，努力建立信任關係

● 致力於追求真心認為有價值的事

● 感謝自己因手中擁有的一切而活著

此種生活方式會影響許多人，使他們開始肯定自己的人生。因為你讓大家知道過去的每一個環節，都是為了活在當下，如同大樹引以為傲的年輪一樣。

除此之外，還可以得到一個安心的基礎，讓你懷抱堅定的力量及自豪，繼續朝未來前進。

中期使命

別讓夢想止於幻想

你的靈魂重視事物的根基，也就是過去到現在的累積。

因為你所著重的除了「現在」，還想要創造一份能持續到未來的幸福。所以你會尋求更加確切、符合現實的反應，並致力於讓事物變得明確，以獲得更加具體的回應。這代表你的夢想和願景一旦擴展開來，便不會置之不理或就此停手。

夢想與希望會不斷地讓想像力從內心慢慢擴展至外部，一步步描繪成形。但是對你而言，實現夢想其實比描繪還要重要。而如何從自己所描繪的目標出發，讓夢想化為現實，就是你的使命。

此時，你在他人眼中可能是個嚴肅的人，但那卻是你的靈魂在實現自我、一展長才的過程當中，情緒最為炙熱的時刻。這樣的你，平常可以這些方式，來努力執行自己的使命：

- 進行一人會議（思考夢想的「拼湊方式」及「實現步驟」）
- 時而扮演領導者的角色
- 尊重所有事物的過去

你的靈魂原本就十分渴望與「時代」連繫，看待事物的視野當然也比其他人更高，而且還會不由自主地思考這個時代從過去到現在，甚至未來將如何變化。

視野遼闊的你，在團體中應該也能妥善建立起自己的軸心。所以你並不只是暢談夢想，也不會僅僅豎耳聆聽他人的夢想，就算在實現夢想的路上只有你一個人，照樣能夠看見希望。

因此，我會建議你多多進行一人會議，這樣一來，就可以成為自己的夢想顧問（或諮詢專家）。

另外，你還有一個特質，那就是「夢想要夠明確才會繼續前進」。

你的靈魂性質與這一整年的太陽運行關係密切。但這是有原因的。你出生的季節，是太陽力量逐漸增強的時候。在冬至到來之前，夜晚的時間會慢慢拉長，黑暗日益加深。

一旦過了冬至，白天就會開始變長。簡言之，那天是陽光逐漸燦爛的分界線。在太陽力量慢慢增強的季節中誕生的你，之所以擁有「想讓事物變得明朗」的靈魂，原因便在於此。

靈魂之光日益增強，代表置身在團體中的我們，仍可保有自我，堅定信念，不會因此被埋沒。

進一步來說，光線增強也意味著我們能成為某人的光芒，所以前面才會提到你

「有時適合扮演領導者的角色」。

順帶一提，與你的生日因緣匪淺的冬至，在占星術中是個非常重要的日子。因為那是我們「個人意識」和周圍「（人類）集體意識」的整合處。

在這個季節裡誕生的你，可以說是一個能順其自然將自己的快樂與社會的幸福融為一體的靈魂。

舉例來說，即使你沉迷於那些被視為奇異怪誕、不切實際的研究之中，你的靈魂仍會不經意地希望得到的成果能夠回饋社會。另外，就算是為了滿足自己的野心而成立公司，你也會主動追求那些能為世界帶來和平的利益。

這樣的方式會讓你重拾幸福，因此，在時事潮流的推動之下，偶爾會輪到你當領導者。我希望你能牢記一點，那就是「有時要扮演領導者的角色，並試著接受挑戰」。

當然，「尊重過去」也是你的使命。

這包括了你自己的人生過往、相遇相識的人，以及整個世界的歷史。我們首先要知道，以往的一切並非徒勞無功。不管是傷痕累累的從前，還是充滿懊悔的過去，都要好好珍惜，因為沒有這些往事與經驗，我們就不會走到現在這一刻。

只要接納這些珍貴的往事，這份尊重的情感就會帶領我們與他人連繫。

短期使命　將思緒化為千言萬語

要舉行一人會議，時而扮演領導者的角色，並且尊重所有事物的過去。

既然如此，當下的我們要怎麼做才能達成這些呢？讓我來提議幾個方法吧。

1 若有機會在眾人面前演講十分鐘，你會想要談什麼呢？

「用自己雙手創造一個可以將過去傳承到未來的世界」，是你的使命。

只要這個使命的目標明確，就能提高你的動力。但有時我們卻會因為視野過於遼闊而感到茫然，不知該從何著手。你的本性，就是需要一段時間才能下定決心，不過這樣反而可以讓你望著高處的頂點，向前邁進。

我想向這樣的你，推薦「十分鐘演講」。在一個人群眾多、男女老少皆有的場合裡，若是有人對你說「你有十分鐘的時間可以自由發言」，你會想對大家說什麼呢？

只要是你想說的，什麼都可以。藉由這十分鐘所表達的想法，一定會對你生活的這個世界產生正面影響。

讓我們想像一下自己要進行一場十分鐘的演講，並試著把內容寫下來，這樣你的夢想說不定就會實現。

2＝獲得真品

世界上所謂的「真品」，包含了昔日的成就、工匠的智慧與傳統。只要將這樣的「真品」放在身旁，就能讓你的靈魂感到喜悅。

雖然說是真品，但未必昂貴。以包包為例，講究品質的名牌固然不錯，但是只要能讓你感受到工匠的精神與堅持即可。對於一項設計，如果是你，應該會選擇充滿創意、富含作者心意的作品。

懂得欣賞真品，不僅意味著尊敬該物與相關人物的歷史，這麼做還可讓你重拾幸福的感覺。

3＝寫封感謝信給親密的人

你對於眼前及身旁的人層層堆疊的過去抱持著敬意，因為這些歲月的累積訴說著對方「當下的處境與心路歷程」。

而且透過接觸這些個人歷史，你的靈魂也會感到幸福。既然如此，何不寫封信給身邊的親朋好友還有照顧我們的那些人，好好感謝他們呢？

例如，送給父母「不辭辛勞一直照顧孩子感謝獎」，或者是送給孩子「讚美媽媽的廚藝感謝獎」等等。

重點在於以「獎項」的形式表達謝意。只要這個獎項是你所發想的，對方一定會倍感肯定。因為這不僅是尊重眼前的人所累積的過去，還能讓你與對方都重拾幸福。

適合J4靈魂的生活方式

關於事業與金錢

你的靈魂有個願望，那就是「希望能將過去傳承到未來」。所以現在的你，不僅是為了對當今社會有所貢獻而努力工作，還會考量到這麼做對未來會帶來何種意義。

因此，謀求一夜致富或追求短期利益的工作方式，可能不太適合你。就算與這樣的工作夥伴及組織曾經一度合作得相當愉快，日子一久，關係也會慢慢惡化。

對你來說，職務的內容固然重要，但更重要的是這份工作在時代的洪流中有什麼樣的價值？當工作陷入困境或失去動力時，不妨好好回顧靈魂的心聲，試著重新找回自己。

更何況你比任何人都還要重視「過去累積的一切對現在的影響」。故在面對金錢時，你的態度會相當謹慎。

有時，你會為了追求真品一擲千金，但是與時代緊密連繫的你，卻能以長遠的眼光來考量金錢。基本上來說，你對於錢財的使用方法及賺取方式感覺其實相當敏銳。

既然如此，不妨善用這樣的天賦，挑戰讓巨額資金循環流動的經營方式。

不過，要注意的是，你所創造的事業要如何「將過去傳承到未來的世界」，以及這在未來將會發揮什麼樣的作用？只要重視這樣的理念和價值觀，幸福就會回到你手上。

關於人際關係（全面）

靈魂屬於自我軸心型的你，會希望擁有一段尊重彼此、互相獨立的關係，而不是藉由共鳴及感情來連繫。對方若是期望這樣的關係，恐怕會讓你稍稍不滿足。你會努力建立比這還要深切的「尊重」與「信任」，甚至覺得唯有在這樣的基礎之上，才能表達出溫柔與體貼等情感。

另外，你還會以「堅守自我的原則」為優先考量。因此，你不見得希望與太多人有所來往，更不會出於寂寞而渴望與他人建立關係。

雖然刻意選擇「孤獨」的人是自己，但對你來說這也不是一件消極的事。對於在獨處的時間裡，培養自我軸心之後的你而言，這麼做反而比較容易與他人建立羈絆。

不管身處於群體還是一對一的關係，你都更注重「當下的歷史」與「當時發生的經過」，而非特定的對象。

OPEN BOOK

悅讀趣

「習以為常的幸福日常，或許並非
真的理所當然。」——《在忘卻溫柔之前》

2023年12月號

假設你是一個正在百貨公司享受購物樂趣的顧客，然而，店員態度卻非常惡劣。此時的你通常不會指責那位店員，而是對店家的教育訓練及先前所做的努力提出問題。

這樣的觀點，對社會來說相當具有建設性，但有時卻會因而忽略了對方的感受，希望你將這點牢記在心。話雖如此，也不要忘記你的觀點自始自終對社會都會有所貢獻。

關於人際關係（愛情與婚姻）

感情方面，因為這是一段漫長且需要持續發展的關係，你難免會忽略眼前伴侶的感受。儘管如此，對方在你心中的地位依舊難以磨滅。**只要讓對方知道自己的心意，兩人的感情就不會擦肩而過。**

若是你覺得與信任的人之間的關係漸行漸遠，通常都是這樣的誤解造成的。如此情況若是發生在感情關係裡，有時反而會被認為是你太過保守或拘謹。基本上你是一個想要明確保持自我軸心的人，對自己的慾望非常坦率，絕對不會因為太過害羞而變得拘謹。對方若能明白這一點，在感情上就不會產生誤會。

另外，我們往往會站在制高點看待所有事物，容易看清大局或事物的整體框架，但有時候卻會不自覺陷入「男人就是這樣」、「女生就是這樣」、「婚姻就是這麼一回事」等普世論之中。

在這種情況之下，反而會悲觀地看待你與對方的關係。所以千萬不要讓自己被負面的情緒推向孤獨的道路。心中若萌生了這樣的念頭，通常都是因為支撐自我軸心的「安全感」不足所造成的。

因此，不要太過擔心未來，或者悲觀看待與對方的關係。只要意識到「是因為太過在乎對方才會這麼想」，就能培養出彼此之間的安全感。

因為你原本就是一個比任何人都還要有能力，接納對方的過去與現在的人。

能夠幫助你的靈魂類型

靈魂類型屬於「M2映照愛之泉」的人與你截然不同，他們會幫忙處理經常被你忽略的「情緒問題」。因為當你深深感到悲傷或難過的時候，偶爾確實會忽略這些情感。而這個類型的人可以讓你有機會安心接納這些情緒。

在你主導的場面上，只要有「M2映照愛之泉」的人協助，你就會更容易明白在場人們的反應，也更容易掌握情況。

另外，你與「M5演奏宇宙之音的鋼琴」這個類型的人關係也相當密切。彼此的靈魂類型雖然不同，卻能達成互補，融洽地朝向共同的目標邁進。就算各有所志，也能成為互相激勵的朋友或同志。

阻礙人生的「心靈亂流」

● 承擔太多責任
● 過於低估自己

就某個層面來講，這些也算是你的優點。只是有時會事與願違，或者在人生的旅途當中，導致你遭遇困境。也就是說，這是你在重拾幸福的過程當中最可能體驗到、也相當容易陷入的「心靈亂流」，宛如深陷沼澤之中，無法動彈。但只要你察覺到「啊，我陷進去了」，那麼就有機會脫身。

先來談談「承擔太多責任」。這算是站在制高點來看待事物時，伴隨而來的缺點。若是抱持著「事情自己來處理會更順利」的想法，往往會讓你不知不覺連不需負責的事情也扛在肩膀上。

雖然這些責任不見得那麼沉重，可是一旦習慣了承擔，回神時就會發現肩上扛滿了重擔。其實，你只是出於好意才這麼做的，但若是因此感到負擔太過沉重，那麼就需要調整與改善。

先讓我們反思一件事：把事情都攬在自己身上的話，會不會剝奪了對方的「努力與成長機會」？這或許是你的好意與強烈的責任感所造成的反效果。最好的方法就是劃下界線，**明確劃分出「自己的責任範圍」**。

而另一個容易陷入的問題，就是「過於低估自己」。

假設你的上司對你的工作表現給予了肯定，並替你向公司提出升遷或擔任管理職的機會，然而你卻低估了自己，有時甚至會選擇辭退，只因為你覺得自己沒有那個實力，但依舊會在能力所及的範圍內繼續努力。這就是你不自覺逃避自我課題的原因。

你原本要面對的課題是挑戰領導者的職務，進而蛻變成一個「全新的自我」。如此一來，就有機會帶領整個公司成長。不過，你卻錯估了自身的能力，誤以為自己連身旁的人都還沒為他們帶來幸福，怎麼有資格成為領導者呢？

對你來說，幫助身邊的人當然重要。這也是因為你見識廣泛，才會有能力助別人一臂之力。然而，以這樣的觀點來理解的話，未免有些大材小用了。你是富有洞察力、容易看清事物本質，而且可以判斷出樂觀未必等於誠實的人。正因為擁有這樣的眼界，旁人才會期待你扮演統籌指揮的角色。只要你重拾與生俱來的遼闊視野，在嘗試成為領導者時，必定能看見整個團隊該如何一起成長。

而你面對眼前的事物，就能以大局為重，人們也會期待你在各領域大顯身手。

不過，在面對新的挑戰時，如果懷抱著「絕對不可以失敗」的責任感，就會遇到某些狀況，像是覺得人生一片茫然，無法突破自我的框架等等，此時，不妨重新試著從以下兩個方面檢視你的生活。

- 有沒有代替他人承擔責任？
- 是否忽略了自己的挑戰課題？

但我還是要再重申一次，你是一個領導能力十分出色的人才。

重拾幸福的重要徵兆

「我所經歷的一切不會白費！」

當你心中這麼想，或者讓他人有如此想法時，就代表你的靈魂找到了記憶中的那份幸福。在這段說長不長、說短不短的人生裡，沒有人比你更加珍惜這段「有限的時間」。

正因如此，與其懷疑「難道我走過的是一條漫長又無用的冤枉路？」不如接納每一個過去，將它們視為美好的養分，這樣你的靈魂才會得到幸福。

你是一個活在當下、懂得將過去一切昇華為有價之物的靈魂。而找到價值的那一瞬間，就是你重拾幸福的時刻。

有時，當我們回到母校或遇到老朋友時，應該會想起那種感覺。你不是那種因為「懷念」而回憶過去的人，而是一個抱持著「感謝你造就現在的我」的心情回顧過去。

就算是在不經意之間，那些社交媒體、網路及偶爾翻閱的書偶爾也會讓你想起過去的自己。那絕對是來自靈魂的信號。

記憶中的過去，確實存於你心中。不僅給予了「成功的暗示」，還傳送了「幸福已經重回你身邊」的訊號。

CHAPTER 6

編織神話之手

M1

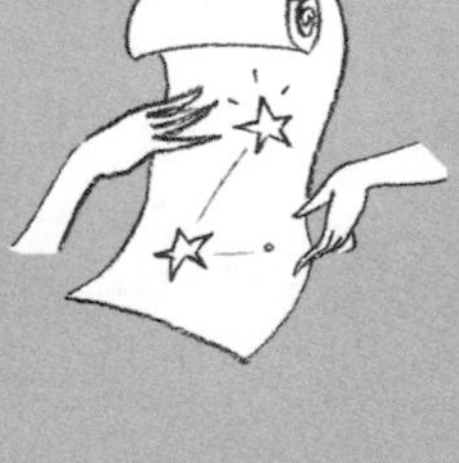

你的靈魂知道，世界上並沒有完美的答案。

你卻無法不去尋找答案，還爲了解惑四處奔波。

有時你可能會感到無助，

「天哪！我到底在做什麼……」

沒關係。當水星逆行時，

你不妨也回顧走過的路程。

因爲那裡誕生了一個無人能複製的故事。

看了這個故事之後，

你應該會發現自己眞正想要的

並不是正確答案。

而今日的你依舊會爲了尋找答案而踏上旅程。

再過不久，你的雙手就會開始編織神話，

這就代表你已經走回幸福的路上了。

「編織神話之手」的使命

靈魂以自我為圓心的你，會在與周遭互動的過程當中建立自己的風格。所以就算找到自我軸心，你也要懂得與旁人建立關係。

就你的情況而言，雖然靈魂類型屬於重視周圍人際關係的自我圓心型，但也不能忽視與「我（自己）」的連繫，因為這樣才能重拾幸福。

「什麼？那我是要先顧慮周遭的人，還是先考量自己？」此時的你，應該會產生這樣的疑問。明明是個在自己周圍畫「圓」的靈魂，卻還要與「我（自己）」這個軸心點相連結，這樣不是很矛盾嗎？

沒錯，確實矛盾。

但是這個「矛盾」裡頭有段過程，可以讓你的靈魂綻放光芒。不過其中的細節相當龐大，因此，接下來我們要將你的使命分為三個階段來說明。

- 長期（終身追求的目標）
- 中期（要隨時準備的事）
- 短期（最好今明兩天就開始的事）

長期使命 不停編織故事

你這輩子要努力追求的使命，是「不停編織故事」。因為這麼做可以為你帶來喜悅。

走在人生這條路上，雖然很想觸動發自靈魂內心的熱情，卻總是得不到回應。這是因為你的喜悅並非在於單一的「點」，而是一條「畫出的線」。你的靈魂所追求的，不是「想要成為這樣的人」、「想經歷這樣的事件」、「想從事這樣的職業」之類的點，而是將這些點連起來畫成的線條。

不管是事物之間互相連繫，還是將矛盾的東西（物體）串連在一起，只要運用這種方式描繪故事，幸福就會回到身旁。

另外，我們也可以在完全沒有「點」的地方，編織出全新的故事，從而畫出全新的點。因此，若想重拾幸福，那麼就要在自我、周圍、多種意向與不同世界之間遊走交流，而不是找到「自覺是正確的答案（＝點）」之後再行動。

有時，我們會以自身的矛盾為題材，創造出豐富出色的故事。對你來說，即使「不懂的事」和「矛盾的事」常常縈繞在心頭，但這並不是負面的象徵，反而還能成為令人興奮的靈感來源，創作出精彩動人的故事。就這點來看，**與其追求肯定的解答，找不到答案說不定會讓你的靈魂更有活力。**

「雖然無時無刻都在追求解答，卻能在這個沒有答案的世界裡找到樂趣」，可以說是你的使命。當你真心愛上這個矛盾的自己時，你的靈魂就會感到無比平靜，而幸福也會隨之回到身旁。

將悲傷與絕望化為希望

之前提到，你的使命不是單一個「點」。

換句話說，這並非一個可以明確說出「做出這樣的東西就好」或者「只要下定某種決心就可以了」的事。從某種意義上而言，這些「點」是無法捉摸的。但有時候卻會出現容易捕捉的那一刻，像是：

- 當你面臨困境，或者是遇到同樣陷入瓶頸的人時
- 發現矛盾或悖論的時候
- 深感世界上有很多事自己都不知道的時候

這些情況正是你展開使命的機會。

另外，你那「不以抵抗及衝突的方式來結束矛盾」的態度，還可以讓這個世界成為一個充滿創意及樂趣的地方。

剛才提及了容易捕捉某些「點」的那一刻。具體來說，找到那一刻之後應該要採取以下幾種行動：

- 在處理不同的價值觀及意見時要有彈性
- 養成不將矛盾視為負面事物的習慣
- 在意的事情要從日常生活這個層面去理解

這才是最重要的。

另外，之前提到要以「編織故事」為使命，但是我們的目標並不是指創作一個情節完整的作品。那只不過是一個結果，重要的是，繼續尋找迴盪在每個人事物及世界之間的故事。

也就是說，當下的我們**需要汲取自己欠缺的不同意見與價值觀**。無人預測得到的快樂結局，對你來說也是一個意料之外的結果。但這並非要我們迎合反對的意見，更不是找出某種妥協之道。重點在於秉持這樣的態度：明白價值觀及意見與你不同的人也有自己的故事。

舉例來說，A在你面前主張改變人生最重要的就是「要有行動力」，但B卻持相反意見，認為「要深刻體會情感才行」。

在這種情況下，我們可以先試著理解，主張「行動力很重要」的人身上流傳的故事是什麼？如此一來，應該就會看到A不為人知、透過「行動」開拓人生的故事。另一方面，我們也可以從B身上看到一個藉由「感受」改變人生、贏得喜悅的故事。

這樣你也會創造出一個屬於自己的故事。例如，「將感情化為採取行動的能量也不錯」之類的想法。這就是將A與B這兩個點連成一個故事，它能成為你與他人互相連繫，也可以是吸引眾人參與其中的故事。

遇到矛盾或面對不同意見時，一般人往往會卡關，停止思考。然而你卻不同，你是一個能夠突破重圍，展望未來的靈魂。

而在啟動這樣的使命時，平常「養成不將矛盾視為負面事物的習慣」，就能派上用場了。

最重要的是，生活上若有令你在意的事，那就要「將其降低到你能理解的程度」，而且最好是從日常生活的層面去理解它。

這是什麼意思？舉例來說，讀完一本書後，我們可以用「哇，真有趣」這個感想來做總結。但若不就此草草結束，而是進一步思考：「如果我從明天開始將書中想要傳達的理念融入生活的話，我能做些什麼？」也不失為一個好方法。**也就是將事物拉進「我（自己個人）」的領域中來深入理解**。如此一來，乍看瑣碎複雜的事情就會神奇地迎刃而解，所得到的知識也會成為故事的題材。

此時，你不僅將絕望轉為希望，還將悲傷化為了安心。

你是一個擁有扭轉憤怒的力量、讓過去的懊悔在未來產生新的可能性、進而編織故事的靈魂。這點要好好牢記在心。

短期使命

蒐集故事的種子

也就是指養成靈活應對不同價值觀及意見、不將矛盾視為負面事物的習慣。若是遇到在意的事，就從日常生活這個層面去理解。既然如此，當下的我們要怎麼做才能達成這些目標呢？讓我來提議幾個方法吧。

1＝開設部落格或時常更新部落格的內容

若是有想記錄下來、讓你有所領悟的日常生活點滴或感興趣的事，以及當你想要把眼前這些「點」連成線，來創造故事的時候，試著將它們寫在部落格之類的平台上吧。

也許有人會問：寫在日記本裡不行嗎？

你是屬於自我圓心型的人，需要與周遭接觸、一邊尋找自我。既然如此，比起不願讓人看到的日記，可以公開與大家互動的部落格更為合適。不管是讀者的反應還是偶爾出現的異議，對你來說都是發動使命的種子。

2＝試著閱讀平常不會選擇的書籍類型

若有機會，不妨挑幾本平常不太會拿在手上翻閱的書來看。

只要再次深切體認到這個世界形形色色的價值觀及故事，你所編織的故事就會更有深度。

3＝記下一些單純的問題

對你來說，像個天真的孩子問些純真的問題其實是很重要的。

比方說，「人是為了什麼而工作？」「為什麼電車裡的大人看起來這麼沒有精神？」「爸爸和媽媽為什麼會結婚？」等等，孩子問題往往會觸及核心。

只要記下這些單純的問題，這些疑問就會成為故事的種子，帶領你更靠近自己的使命。

適合 M1 靈魂的生活方式

關於事業與金錢

你不太會堅持自己「只能從事某些工作」。因為你是一個崇尚自由的人，喜歡追尋充滿可能性的故事，所以有時會比較喜歡獨自工作。

但基本上，你會在與周遭的人互動的過程中，慢慢找到自己的熱情與動力所在。這麼做也可能是出於你常常需要題材來創作故事的緣故。一個富有變化、總是充滿全新挑戰及問題的工作，通常更能發揮你的靈魂使命。

即使是工作內容簡單的職位，你也會藉由發現箇中樂趣、為職場帶來創意與改善，以履行自己的使命。

此外，你的財運也相當穩定。

因為在這個多變的現代社會中，不受有形之物束縛的你，無論面對什麼樣的變化，都能描繪出正向又積極的一面。即使經濟上遇到困難，應當也能靈活應對，度過難關。

對於外界的波動，雖然你能隨波逐流，靈活應對，但這滔滔不絕的波浪偶爾還是會讓你感到疲憊。倦怠感一旦累積，情緒想必會變得不太穩定。這樣的不穩定，有時會削弱你原有的問題解決能力。

這股壓力可能會導致你一時衝動瘋而狂購物，進一步影響到你的財運及工作，所以最好學會一些能夠放鬆神經的方法，適時紓解壓力。

關於人際關係（全面）

靈魂以自我為圓心的你，不僅具備了在觀察周圍環境的同時尋找自我角色的能力，在與他人比較的過程當中，還會順便磨練自己的個性。

有時，這種「比較心態」會使你明顯展現出「不服輸」的一面。

你可以將這樣的心態視為競爭的動力，也可以把它當成創作新故事的題材。我更推薦的當然是後者。

例如，與同行的競爭對手比較之下，創造出獨一無二的產品。原則上你是一個自我圓心型的靈魂，所以就算是團隊合作或共同作業，對你來說都不是問題。然而，對於與「我（自己）」連繫至關重要的你來說，一個人悠閒、自由思考的時間同樣不可或缺。

在這之中，有些觀點或許稍嫌矛盾，「我喜歡人群，但不喜歡太過吵鬧」、「雖然需要獨處的時間，但也需要與他人往來」。而這樣的矛盾才是你的個性。

獨處之餘若是需要，就視情況找個知己或伴侶，一邊談心，一邊向前邁進吧。但要注意的是，切勿過度解讀周圍的氣氛，樂在其中即可。

關於人際關係（愛情與婚姻）

靈魂屬於自我圓心型的你，雖然會想要與周遭的人分享各種事物，卻又不是那種情感深切、渴望緊密連繫的人。

儘管想要理解對方，也希望別人了解自己，卻又不能否認自己確實有點敏感。與這樣的自己相處多少有點麻煩，所以為了保持原來的生活步調，有人會寧願選擇獨處。

在戀愛方面，你與對方交往初期會先保持距離，但當關係穩定下來後，就會努力找尋屬於兩個人的新故事。

換句話說，不管是對方還是自己，你都會希望擁有一段不斷轉變、持續進化的關係。有時，也會想要改變兩人所處的環境。

有些人或許無法接受這樣的態度，但一切還是取決於對方。對方若是喜歡你，有可能會對於這樣的關係樂在其中。

如果對方希望兩人的關係永恆不變的話，那麼你可以在工作及單獨行動的時候，試著到遠處冒險。在這種情況下，對方的存在會讓你感到安心。最重要的是，**你要不斷改變自己。**

此外，戀愛中的兩個人也必須互相分享情感。只是有時候你會變得比較敏感，希望對方能確實了解你的想法，這點可能會讓另一半感到疲憊。為了避免這種情況發生，我們偶爾可以向對方提出請求，希望他「今天好好聽我說」，試著挪出一些時間傾聽彼此的心裡話，這麼做對兩人的關係應該會有所幫助。

可以幫助你的靈魂類型

「M3連繫光明與黑暗的絲帶」與「M4跨越時光之海的船舶」這兩個靈魂類型和你一樣的人，會是你知己知彼的良師益友。陷入矛盾時，他們說不定會伸出援手，拉你一把。

偶爾因為過於敏感而感到身心俱疲的你，或許還可以從他們口中聽到一些舒緩緊張的話語，堪稱合作無間的好伙伴。

而「J3洞察未來之眼」這個與你靈魂類型相異的人，則可讓你描繪的故事規模變得更加龐大。因為對方總是能拓展你的視野，時不時將停滯在日常生活中的你拉出來，帶到一個更巨大的舞台上。

他們的意見對你來說，或許會因為門檻太高而難以立刻採納，但卻能夠為你提供一個飛越的跳板。

阻礙人生的「心靈亂流」

- 急著下結論（陷入非黑即白的思維模式之中）
- 與人比較之後，而失去了動力

這樣的感覺一旦糾纏心頭，你原本的獨特風格就會受到牽制。但這也是你在回到幸福的這條路上，容易經歷的關卡。

可以將它視為一種「心靈亂流」，你只是被捲入其中，動彈不得罷了。但是只要啟動隨機應變、處理矛盾的天賦，就能輕而易舉地脫離瓶頸。

首先，「急著下結論」，通常是擔心故事結局而產生的不安情緒所造成的。

雖然有點矛盾，但當我們想要盡快得到一個好結論時，最佳的方法就是不要急著下定論，對於結果也不要太過執著，而是試著在過程裡找到樂趣。

以通過資格考試為例，講求學習效率、努力達成目標固然重要，但極端來講，我們的重點其實不在於那張證書，而是全心全意投入學習的經驗，這才是你的靈魂想要追求的目標。因此，除了將眼前的考古題靠毅力做完，還要懂得享受解題的樂趣，這點才是最重要的。待拿到合格證書之後，這些發揮巧思想出的讀書方法及有趣的記憶訣竅，日後應該也會派上用場。

至於戀愛方面，有時我們會希望對方能「明確表態」，給出一個結論。然而，**適合於你靈魂的並不是非黑即白的方式，而是多維度思考。**因為你能描繪出兩人之間富有各種可能性的故事，而非只有正反兩面，這就是你的獨特之處。

對你來說，表達立場通常會讓故事畫上句點。故在要求對方給出一個明確答案之前，有件重要的事情要先確認：你是不是因為不安才提出這個要求？

另外，在要求對方表態之前，兩人是否能夠輕鬆地創造出美好的故事？這也是一個可以參考的判斷依據。

還有一個容易讓人陷入困境的問題，就是「與人比較之後，而失去了動力」。

在與周圍建立關係時，你會從中摸索出自己的個性。比較本身並不是壞事，但是得到的結果卻可能讓你認定「自己毫無價值可言」。如果能夠激發你的故事創作力，就算與他人有所不同，也能將之化為動力，融進你的故事當中。

更別提讓你失去動力的原因有多少。像是小時候的表現被拿出來與他人比較時，遭到他人的否定或受到稱讚的記憶若是在你心中留下深刻的印象，就代表你還活在那段過去的故事裡。你的內心深處或許不自覺地被一個古老的故事纏繞心頭：「只要與他人比較，就能找到自己的存在感」。但是對你來說，**編織故事的理由是為了保持全新的自我。**若由於被陳年往事絆住，而無法好好展現自己的特質，創作故事的那隻手就會因此而歇筆。

如果你覺得「人生似乎停滯不前」或「無法展現自我」，那就想想自己是不是被過去絆住了雙腳。只要能站在這個視角，故事就會在那一刻被重新改寫。

而這些陳年往事，並不只是代表負面的經歷。曾經積極正向的故事對你來說，也很值得留意。就算有人稱讚過你「做得比○○還要好」，也有可能會讓你停止創作新的故事。總之，人生這條路上，必須保持自由，這才是最重要的。

重拾幸福的重要徵兆

「真正感受到變化的美好時刻」，就是你要好好珍惜的徵兆。占星術對於事物在這個世界上的發展過程，有這樣的解釋：

1. 先有東西釋放出來，成為前進的力量
2. 使其穩定，持續下去
3. 以此為基礎，一邊改變型態，一邊繼續成長

而你要負責的，是最後一點：「一邊改變型態，一邊繼續成長」。你所編織的「故事」扮演著某個角色，那就是通往變化的階梯。

能夠踏上這個階梯的人，當然不是只有你。換句話說，你應該有機會觀察到自己與旁人「慢慢變化的過程」。每當你看到小小的種子變成一朵花盡情綻放的模

樣，或者是陷入絕望之中的人重新找回希望的那一刻，心裡頭就會再次萌生一股編織新故事的原動力。

你覺得最美好的瞬間，應該就是「真正感受到變化的圓滿時刻」吧。希望你能好好珍惜這一點，重拾自己的幸福。

CHAPTER 7

映照愛之泉

M2

愛爲何物？是去愛？還是被愛？

是給予愛？還是接受愛？

人類在體會無數的愛所帶來的喜悅時，

也會爲愛迷失，因愛受苦。

但是你的靈魂非常清楚，

我們在此的目的是爲了「創造出愛」。

誰先愛上誰，誰又愛的比較深，這些都不重要。

只要這個世界的愛變多，那就好了。

創造出愛，就是祝福生命，

而你將成爲創造愛的人們的祝福之泉。

「映照愛之泉」的使命

靈魂以自我為圓心的你，在與周圍互動的過程當中會不斷成長，慢慢建立出自我風格。

只要在自己的周圍畫出一個圓，你的靈魂就會產生一個軸心。但對你來說，畫圓的時候，「愛」是其中的重要關鍵。在這個世界誕生為人類的我們，會藉由「愛」來感受喜悅，有時也會體會無數的情感糾葛。

在占星術中，是由「分離」和「融合」這兩個概念來貫穿所有事物。換句話說，「分離」可解釋為冷漠或憤怒，「融合」則代表愛與和諧。

然而，我們在天堂時，卻只經歷過「融合」的階段。因此，降生於地球上時，要先經歷孤獨（＝分離），之後再重新體驗愛（＝融合）。甚至可以說，我們是為了這樣的體驗才出生在世上。

你的使命，則是確保每個人在這個世界，都能體驗到他們渴望的愛所帶來的喜悅。只要懷著愛與周圍互動，就能讓愛在整個環境中滋長。有人會透過家庭的關係來連繫，有人是透過宛如戰友的羈絆。

清澈的泉水總是會吸引許多尋求水源的生物及生命。同樣地，你身旁想要體驗愛的人也會聚集而來。你不僅具備了給予周圍愛的力量，還擁有從聚集而來的人身上提取愛的能力。

然而這種自覺，只會在旁人為此聚集的時候萌生。那是因為你的靈魂屬於「自我圓心」型。

不過，具體來說，我們要如何活出自我，才能讓靈魂更加閃耀呢？你的使命在這裡要分成三個階段來說明。

- 長期（終身追求的目標）
- 中期（要隨時準備的事）
- 短期（最好今明兩天就開始的事）

長期使命

讓所在之處成為愛苗滋生之地

你這輩子要努力追求的使命，就是「讓所在之處成為愛苗滋生之地」。若能透過你的生活方式讓周圍的人知道愛的美妙，對方得到的喜悅也會延伸到你心中。

愛，是在每個人心中培育出來的東西，但是許多人卻會擔心自己：「要是得不到愛，那該怎麼辦？」「萬一沒有人愛怎麼辦？」而因此忐忑不安。

其實，這個世界上的許多煩惱及問題，都是由愛所引起的糾結和誤解所導致的。在如此不安的情況之下，確實很難體驗到「愛的喜悅」。

但如果你的內心充滿了安心感，就會成為一個容易體驗到愛的地方。「創造愛」的先決條件，是要有人主動給予愛意，提供安心感。乍聽之下，達到這些條件似乎不容易。看在他人眼裡或許困難，但對你來說，卻是自然而然的行為。

「給予」一詞或許帶有犧牲的意味。然而，你的靈魂卻非常清楚地知道，不管是給予愛或接受愛，其實都是同樣的。

中期使命

用安心來滋潤愛田

「讓自己的周圍成為一個創造愛的地方」。肩負這個使命的你，通常會先主動表達愛，之後再將目的轉為給予愛，這是自然的過程。

先讓我們稍微具體地想一下「給予愛」這件事。愛，是一個普遍又深奧的主題。有本暢銷全球的書，埃里希・佛洛姆的《愛的藝術》剛好談論到愛，在此讓我引用其中一段：「有位女性說她喜歡花。但若看到她忘記給花澆水，恐怕無法相信她對花的『愛』。所謂的愛，是積極關心所愛之人的生命與成長。若沒有積極關心，那麼愛就不存在。」

借佛洛姆的話來說，給予愛，是指「積極關心他人的生命與成長」，也就是對所愛之物悉心地呵護。而且這件事與你的使命息息相關。

看到這裡，或許有人會問：「那我到底該關心誰的生命和成長呢？」這點你應該可以自己決定。換句話說，只要是你認為重要的人，都可以好好關心他們的生命與成長。

無論是生活的地方、工作的職場，還是有緣人的所在之處，都可以將自己那份愛的力量發揮出來。

反過來說，我們不僅要「珍惜當下的緣分」，還要先讓自己的所在之處成為一個安心之地，這件事也可以被視為你的使命。比方說，有些人會開始參與社區營造，希望藉此創造一個讓大家安心發揮大愛的地方。

而讓聚集於此的人感到安心、默默陪伴在身旁也是你的使命之一。雖然說是陪伴，但其實不需要想得太複雜。當你看見有人傷心流淚、不安無助時，就算什麼都沒做，只是「陪伴在一旁」，也是在履行自己的崇高使命。

再來，就是**「珍惜和重要的人一起度過的美好時光」**。僅僅如此，就已經實踐了你獨有的使命。共度時光的重要人物或許是伴侶，也有可能是家人。甚至是以你為核心、氣氛宛如大家庭般的社群。總而言之，站在這個場景中心的「映照愛之泉」就是你。

「泉」這個字，通常意指清澈的湧泉滲出之地。只要人們聚集於此，乾渴的喉嚨就能得到滋潤。除此之外，清澈的泉水還能反射出凝視水面的人們之身影，也會映照出隱藏於心的愛。

平時忘記了何謂愛的人，只要聚集於此，應該就會想起自己是如何被愛，也會回憶起自己其實也擁有愛人的力量。而過去曾經為愛受傷的人，只要在這座泉水中清洗傷口，就能夠恢復以往的活力。

這都是因為身在該處的你讓人感到「安心」，還會毫不吝惜地付出所擁有的愛，不僅充滿了關懷之心，還懂得體諒、接納他人。

為了發揮這樣的使命，**我們也要肯定自己、接受自我，用安心感填滿心靈。**

不論是一個人心平氣和地想著「啊，這個世界真讓人安心，給了我一股踏實的力量」，或單純地「讓你的內在充滿安心感」，都是平常就該好好累積的事。

「讓內在充滿安心感」並不是指從外部尋求，或是依靠他人來獲得安心，關鍵在於，想起自己擁有感受安心的力量，也就是像再生能源發電一樣，來自行產生安心感。

只要這份安心感填滿心胸，「你」這座泉水的周圍，就會自然而然成為一個滋長愛苗的地方。相反地，如果失去了安心感，你那份強大的愛就會變成犧牲感與懷疑，讓內心持續地悶燒。在這種情況之下，原本十分渴望與他人互動的你，反而會因此選擇孤立自己。

不過，很多事情當然不會如此順利。當你開始意識到，要靠自己去體會安全感時，或許也會遇到與「愛」有關的課題。

「是別人讓我感到不安」、「是別人傷害到我」、「我不值得被愛」……在漫長的人生當中，你說不定會讓自己陷入這樣的情境之中。之所以有這種念頭，可能是因為以前曾經有過讓你對愛產生懷疑的事，此時，你的心就像是枯竭的湧泉，已經沒有泉水可以與人分享。

然而，別擔心，這樣的挑戰對靈魂屬於「映照愛之泉」的你來說，是為了克服它而必須面對的課題。

泉水並沒有枯竭，是你自己阻止它流動罷了。要記住，我們隨時都可以讓這座愛之泉噴湧而出。為了讓枯竭的泉水恢復生機，我們需要的是「寬恕」。它並不是指原諒他人的行為，而是要原諒被那件事情困住的自己（關於這點，後續會再詳述）。總而言之，請記得：

- 創造一個能夠孕育出愛的地方
- 成為率先給予愛的實踐者
- 為此學習「安心感」和「寬恕」

這就是讓你重拾幸福的生活方式。

短期使命　讓吾心之泉保持清澈

創造一個能夠孕育出愛的地方、成為由你帶頭來積極付出愛的實踐者，並為此學習「安心」與「寬恕」。至於當下的我們，要怎麼做才能達成使命呢？讓我來提議幾個方法吧。

1＝觀察自己的情緒

你能否將所擁有的愛，化作使命展現出來，取決於你如何處理自己的情感。話雖如此，我們也不需要壓抑或控制喜怒哀樂，只要坦然地表達自己、接納自我就好。這才是成熟的情緒處理方式。

我們常常會意外地忽略心中的感情，甚至連自我的感受都未能察覺到。因此，需要培養細心觀察情緒的習慣，這就是你重拾幸福的訣竅。

喜悅和雀躍的情感通常比較容易察覺，故在面對負面情緒時就要更用心看待。若是覺得有些煩悶，那就讓思緒專注在焦慮的心情上。

只要試著大聲說出「我很難過」、「我很生氣」、「我有點不安」這些表達感受的話，就一定能找到與之相近的情緒。若對「我有點不安」這句話產生了一絲共鳴，那就繼續說出「因為……」，比方說，「因為感覺好像快被周圍的人拋棄」，藉此把想法具體地說出來。

之後再好好接納自己的心情，「啊～原來我這麼不安呀」。這樣就可以了。

只要養成接納自我感受的習慣，就不會輕易把情緒發洩在他人身上。即使與

親近的人在情緒上有所誤會，也能秉持真誠的心態與對方說開。

倘若我們能好好留意自己的心境轉換，也會更加容易察覺別人的微妙變化，進而主動為對方營造出「沒事的」之類的氛圍。

2＝讓熟悉的地方更加舒適

對你來說，確保一個能讓自己放鬆的地方是非常重要的事。

因此，不管是在房間還是書桌周圍，我們都可以擺一些喜歡的東西或者是賞心悅目的照片，讓自己的心情更加舒適。

3＝讚美某人

發揮「創造愛」這個使命最為準確有力、簡單明瞭的方法，就是稱讚某人。

大家不妨試著坦率地稱讚對方：「我覺得你在這方面的表現總是非常出色！」藉此，將心中的愛展現出來。

這麼做，不僅會喚起你心中的愛，對方內心那份沉睡的愛也會跟著甦醒。

適合M2靈魂的生活方式

關於事業與金錢

靈魂屬於自我圓心型的你，因為與「場所」的連繫非常密切，因此對工作及環境的適應能力特別強。

這樣的你，在團隊或小組中往往是帶動周遭氣氛的人。只要有你在，身旁的人就能安心地投入工作。不僅如此，對於遲遲無法融入環境之中的人，你也會毫不吝嗇地伸出援手。

不過，在面對自己想要專心投入的事物時，你會適時阻絕周圍的干擾，因為維持氛圍的同時，讓自身的心情同樣舒適也是非常重要的。

雖然你不會主動建立人際關係，但是所屬的靈魂卻有一種吸引旁人圍繞的神奇魔力，而且大多數富有美德的人，都是這種靈魂類型。

奇妙的是，你不僅能理解他人感受，有時還能掌握到事情的本質，給予一針見血的建議，也因此深受工作伙伴的喜愛。

凡是與「場所」有關的事物都能讓你重拾幸福。

事業方面，你應該會與他人互動頻繁，這樣的你在從事業務工作時，往往能靈活應對各方人事物。

即使是獨自埋頭努力工作的職人，與周遭人的關係也會莫名地變得相當重要。比方說，假設你以職人身分完成一件作品，若要銷售出去，與人互動的機會勢必會增加。

此時，若能進一步發揮與生俱來的「營造氛圍」與「捕捉他人感受」這幾項才能，嘗試挑戰團隊管理、運用及培養人才等職責，絕對能夠發揮極大的價值。

而金錢方面，你的態度傾向保守，絕對不會陷入窮困之中。

你對於金錢的野心可以分為兩種。不是完全沒有，就是極為強烈。但不管是哪一種，你的工作動力絕對不是源於自我激勵，而是來自對某個人或對周圍的愛，因為你想要「為身邊的人有所貢獻」。

在工作上，選擇你擅長或是能夠得到成就感的職務內容固然重要，但是你更重視「為了什麼而工作？」這個核心問題。若能找到對你來說有意義的答案，心中必定會燃起一股成就感，讓你更加樂意投入其中。

關於人際關係（全面）

你的外表往往讓人覺得溫柔靦腆，但其實內心充滿活力，積極主動。所以你會在不知不覺中被視為「值得依賴的存在」。就算你沒有太強的存在感或特別引人注目，在多數的情況下卻常常是不可或缺的角色。

靈魂以自我為圓心的你，可能會因為偶然的機緣，在某個場所或某段人際關係中漸漸察覺到自己的才華和個性。所以那些老是感嘆「自己一事無成」的人，若**能融入他人的圈子，想必會更容易發現自身的才華。**

當你因為工作及嗜好等活動而剛加入某個新團隊時，偶爾會讓人覺得你看起來有點遲鈍。但你的適應能力其實相當強大，不用多久，你就會成為團隊中無可取代的存在，甚至施展出自己意想不到的才華。

當我們投入一段新的人際關係時，通常大家都會建議「要相信自己，勇敢融入這個環境」，但是對你來說，「相信人的緣分與當下發生的事情才是最好的！既然如此，那就暫時放下對自己的信任，奮力一搏吧」，這樣的做法或許會更適合你。

關於人際關係（愛情與婚姻）

主動接近他人雖然不是你所擅長的，但是我們不需為此刻意改變，只要保持原來的自己即可。

特別是在一對一的戀愛之中，你的個性會表露無遺。那個有點害羞、難為情又靦腆的你毋須做任何改變，只要慢慢拉近與心上人之間的距離就夠了。就算想要加深與心儀對象的感情，也沒有必要努力展現自己善於開啟聊天話題的一面。

事實上，**你很擅長進行訪談**。因此在與對方互動時，不妨透過出於關心的各種問題來加深彼此之間的羈絆，如此一來，對方應該也會漸漸對你敞開心胸，善加回應。

因為你是一個只要建立起信任關係，與對方成為好友，就能無話不談的好伙伴。反過來說，要是做不到這一點，就代表你可能尚未意識到自己的感情（請參考短期使命）。

你的靈魂在面對真心重視你的人時，會藉由關係裡的安心感來連繫感情。既然如此，不如試著卸下心防，以加深彼此之間的關係。

但要留意的是，你有一個非常明顯的特質，那就是渴望被別人所需要。成為他人生命中不可或缺的存在固然美好，但若是過度執著，就會變得太依賴對方。這樣反而會讓你不時在意起對方的臉色、分不清對方的情緒與自己的感情界線，心還會因此疲憊不堪。

此外，你同時擁有寬容的胸懷，能夠完全接納對方，所以另一半經常會依賴這份愛。除非壓力過大，否則相當有耐心的你，應該可以容忍對方如此依賴你。

然而也正因如此，你更必須時常細心觀察自己的情緒。要趁壓力尚未累積太多時互相溝通、確認兩方的感受，盡量不讓彼此的關係陷入「過度依賴」這個泥沼之中。

懂得理解他人感受的你，通常也會期望對方能將心比心，理解你的心情，但是這樣卻會讓你更想要依賴對方。你會這麼做，通常是出於內心的不安，擔憂著：「如果被對方否定該怎麼辦？」

此時，若是要求對方幫你消除這份不安，恐怕是行不通的。因為你必須先自己直面這份不安的心情，之後再按部就班向對方坦承內心的焦慮。

愛情一旦變得複雜，不安的情緒往往會使你陷入非黑即白的思考方式，這是不可否認的。然而，遇到這種情況的兩人與其立刻決定分手，其實更需要在此刻保持適當的距離。

主動給予對方安心感才是最重要的。因為除了愛情，類似的情況也會時常發生在友情或工作伙伴之間。

能夠幫助你的靈魂類型

靈魂類型同屬自我圓心型，並以「M5演奏宇宙之音的鋼琴」為使命的人和你一樣，相當重視感情與感覺，富有同理心並能夠感同身受。

他們也能回應那些難以向人傾訴的心事。當你想要培育一個「愛苗滋生之地」時，彼此之間的緣分或許能讓你們成為意志堅定的同伴，甚至是共同建立此地的戰友。不過，既然彼此都有溫柔體貼的一面，又容易互相依賴，在某些情況之下，難免要保持適當距離才行。

至於靈魂類型不同的「J4睿智之樹」，則是能將你的存在推向更高的境界。當你因為孤軍奮戰而無法突破重圍，或者想要進入「下一個階段」時，對方應該會給你值得參考的建議，或者以競爭對手的身分激發你的熱情，甚至以導師或師父的立場來提供你指導。

總之，在你「進化、蛻變」的時候，都能與他們結下緣分。

阻礙人生的「心靈亂流」

- 滿足於差不多就好
- 對於「無法原諒」的過去太執著

當我們想要活出靈魂的期望，但是心靈與身體卻未能跟上腳步時，就會出現以上這些狀況。

靈魂打從誕生那一刻開始就是堅定不移的，而心靈則是因為人生經歷才慢慢塑造成型。正因如此，我們才會對過去如此執著。

這不過是人們在重拾幸福的過程當中，非常容易經歷到的「心靈亂流」。而你只是陷入其中，難以動彈而已。但如果你察覺到自己已經身陷其中，就能輕易掙脫這個困境。

你所面對的第一個心靈亂流，是「滿足於差不多就好」的狀態。這麼說或許有點難以理解，但若換個方式來表達，那就是「做出妥協」、「就這樣吧」之類的感覺。

當然，這並不是要你超出自己的能力範圍，強行完成某件事，因為這麼做不是你的風格。但在發揮百分之百的實力之前就妥協，也不是你的行事作風。

既然如此，那又為何要妥協呢？想必是擔心現在的安心感會因此崩解吧。

即使你比過去成長了不少，也不用擔心，因為你所能創造的安全感規模會隨之擴大。任何人都會害怕眼前或未來的變化，但你是締造安心感的專家。安心感的強弱會與變化的程度成正比。

更何況，我們本來就有能力承擔重大的變化，這點希望大家牢記在心。只要你認真去做，大多數的事都能水到渠成。有些人或許會對自己內心竟有如此強大的力量而感到驚訝，但是我們不該低估自身的潛力。

另外一個課題與「寬恕」有關。你的靈魂總是「渴望創造出愛」。但是當你的內心拒絕這個期望，也就是感到恐懼時，人生便會浮現「寬恕」這個課題。

當「寬恕」成為眼前的課題，有可能代表你需要面對過去傷害你的人。你以往若是曾經傷害到他人，則或許是你無法原諒從前的那個自己。

腦子裡雖然已經打算原諒對方，但是內心通常跟自己說著「無法原諒」。在這種情況下，現實生活中的我們，會避免與他人變得太過親密，不然就是放棄與某個幸福的人建立關係。

這種「無法原諒」的心情，乍看之下或許會讓人以為是在拒絕對方，其實不然。實際上，這代表了即使如此，你也想與對方維繫關係的心情。

「無法原諒」是你用自己的方式做出最大的努力，並以此為起點，承認這是對被傷害的人及造成傷害的人的一種愛。

只要細心處理這個課題的所有環節，你的靈魂就會變得更加自由。關於「寬恕」，就讓我在這裡引用靈魂類型與你相同的偉人名言，好讓你能從中汲取必要的訊息。

只要擁有寬恕之心，就能徹底解放與那段回憶有關的負面情緒。寬恕不是「無罪釋放對方的手段」，而是「讓自己自由的方法」。

——第十四世達賴喇嘛，《寬恕的話》（ゆるす言葉，暫譯）

因此，我們一定要好好面對寬恕與原諒，讓自己隱藏的潛力整個釋放出來。只要這麼做，就能夠得到更多的愛，讓愛的力量妥善地發揮。

重拾幸福的重要徵兆

重拾幸福的重要徵兆，就是當你心裡突然想到「在媽媽肚裡說不定就是這種感覺？」的時候。

出生之前，我們會在媽媽的肚子裡度過一段日子。肚裡的我們，會整個沉浸在令人安心的羊水裡。

而降生在這個世界的你，正試圖透過「映照愛之泉」重現這個與「羊水」相似的安心感，所以有時才會突然想起在媽媽肚裡安心漂浮的那段歲月。

但這並不是憑藉腦袋裡的記憶，而是一種感覺。就像我們泡在浴缸裡或漂浮在水中時，會覺得很安心一樣。當你感到不安或對愛有所疑慮時，不妨讓自己置身在那種感覺之中。此時，別只停留在理性層面上，而是要想起能夠讓你真正覺得安心的事。

隨著這種安心感到來，你周圍的氣氛也會變得輕鬆起來。若讓這種感覺自然融入於身體之中，你就會加倍安心，成為讓「愛之源泉」發揮強大使命的基礎。

CHAPTER 8

連繫光明與黑暗的絲帶

M3

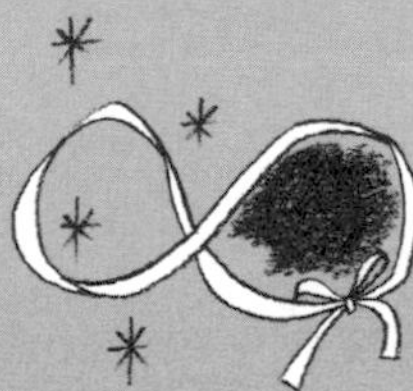

我們第一次知道光明與黑暗的存在，

是因爲世界上有白天與黑夜，

天上的主角有時是太陽，偶爾是月亮。

發生在這世間的事情也一樣，

有的看得見，有些則否，

而神祕莫測的黑暗更不時讓我們感到恐懼。

但是你很清楚，黑暗之中才有光明，

光明之中亦有黑暗。

重要的並非只有光明。

所以你才會爲黑暗與光明繫了絲帶，

打上祝福的結。

當世界因爲這個祝福的結，向前邁進一步時，

你也會跟著回到幸福身旁。

「連繫光明與黑暗的絲帶」的使命

靈魂以自我為圓心的你，會在自我周圍畫個圓圈來創造軸心。擁有這種靈魂，你通常會尋找能在社會或世界上做的事，而不是追求自己想做的事。

但最後你會知道這才是靈魂渴望的事。

當你試圖畫下那個圓圈時，「世界（社會）」是重要的關鍵字。環繞著你的社會與世界既有光明的一面，也有黑暗。我們每個人的人生中都有充滿光明希望的一刻，也有被黑暗絕望籠罩的時候。

這樣解釋，說不定你會認為光明是正面，黑暗是負面的。然而事實並非如此。例如，光明與黑暗又可視為「可見之物」與「不可見之物」。就算外表看起來是一個非常優秀活潑的人，但在大家看不到的背後或許有著認真努力的一面。

這也是光明與黑暗。

而你的靈魂所期望的，是「希望整個世界更加美好」，所以對於那些容易遭到多數人忽略、排除、不易顯現於外的「黑暗」，你不會就此擱置它不管。

只要用帶著祝福的絲帶，輕輕將光明與黑暗繫在一起，幸福就會回到你身旁，同時世界也會導向美滿之路。

為此，你的使命要分成這三個階段來說明。

- 長期（終身追求的目標）
- 中期（要隨時準備的事）
- 短期（最好今明兩天就開始的事）

長期使命

看看世界潛藏的可能性

你這輩子要努力追求的目標，就是讓光明與黑暗連繫在一起，「看看這世界沉睡中的所有可能性」。

只要將光明與黑暗連接起來，就能為世界帶來無限可能。對你來說，這就是幸福。知道眼前可見的答案（＝光）並非一切的你，可從包含黑暗在內的各個角度來看待「事實」。

因此，透過與世界、社會的互動來培養這樣的觀點，也是你重要的使命之一。

除了關心多數人的意見，**少數派的意見也要好好傾聽。**

有時，你還必須努力保持中庸之道，好讓少數派有個立足之地。只要透過這樣的觀點與態度，就能發現世界上尚未覺醒的潛力。

少數人的意見往往代表著被周圍放棄的可能性。

如果你能在這之中，看見某些事物的潛在可能，對許多人來說將會是宛如重生般的體驗。

中期使命

擷取黑暗

若要找到這些沉睡中的潛力，還需要投入什麼樣的使命呢？

先給大家一些提醒，這樣思緒會更具體。首先要說明的是，「連繫光明與黑暗的絲帶」是你的靈魂名稱。而在現實當中，「注視黑暗」是你的使命。

因為「黑暗」通常是看不見的，而且世上大多數的人甚至沒有意識到「必須看見才行」。正因如此，擁有「黑暗是照亮光明的光芒」此觀點的你，才會顯得格外重要。

這點可從占星術的角度來解釋——因為你的靈魂是在「黑暗（夜晚）」逐漸變長的季節中出生的。換句話說，你所擁有的是個以「擷取黑暗」的方式來進化的靈魂。

說到「黑暗」，它所指的卻是這個世界上遠超乎我們想像的事。例如：

- 對許多人來說的盲點與死角
- 人們沒有說出口的心聲

- 事件的背景
- 無形的影響

只要將心思專注在這些事情上，就能「看見黑暗」。除了「注視黑暗」之外，你還要試著將黑暗化為可能，也就是**「歡迎黑暗，並從中找出可能性」**。

這說起來稍嫌抽象，先從「歡迎黑暗」來開始解釋這一切是怎麼回事吧。

「有黑暗，就代表某個角落一定有光明」，你相當清楚這個世界的運作方式。知道僅僅是排除黑暗非但沒有辦法解決問題，更無法藉此找到光明。

因為黑暗與光明在這個世界上是一體兩面的。因此，當你尋覓到黑暗時，就等於找到了光明。若要更加具體描述「發現什麼樣的黑暗時，可以找到光明」，那就是：

- 發現自己的缺點，察覺他人的弱點
- 碰到生病、受傷或惹上麻煩等讓人有負面印象的事情
- 發現別人的謊言（祕密）

●了解事情發生的因果關係與背景

舉例來說，假設站在你眼前的人絕望萬分、無比感慨地說：「反正我活著也沒有什麼價值。」

這時的你，應該會立刻想到「既然如此的話……」。對你來說，似乎是稀鬆平常的事。看到對方陷入黑暗之中的人如果是你，心裡頭一定會這麼想吧（至於有沒有告訴對方你所發現的光芒，則另當別論）。

「就算這個人說『反正我活著也沒有什麼價值』，但既然如此，他要是能夠找到生命的價值，人生一定會更精彩。」

「就算這個人說『反正我活著也沒有什麼價值』，但既然如此，他要是能夠好好克服這樣的矛盾，說不定就會成為一個給予他人生存價值的人」。

而光芒，就會因此不知不覺地聚在一起。所以要是遇到什麼黑暗時刻，你不妨在「既然如此……」這句話後面接上充滿光明的語句，並當作延續下去的習慣。

但要注意的是，這麼做不僅是為了「善意解釋，正向思考」。這麼做，有一個重點，就是找出可以當作客觀事實的那道光芒。換句話說，你所指的光明是相當實際的。其實就心理的角度來看，那個人的缺點與消極的一面，通常與其擁有的才華一體兩面，密不可分。

你所引來的並不是虛幻模糊的光芒，而是明確的光亮，「因為這就是事實，不是嗎？」你的靈魂就像這樣，不僅歡迎黑暗，還能招來光明。

除此之外，「黑暗」在占星術中代表「集體無意識」。因此，在黑夜慢慢變長的季節所出生的你，亦可說是一個不斷與「集體無意識」融合的靈魂。

如果光明代表「個人意識」，那麼黑暗就是「群體意識」。當個人意識融入群體意識時，就是將自己的問題置於世界（群體）這個角度來看待。

剛才那個「無法找到自我價值的個體」也是一樣，單從個人的角度來看，可能會繼續懷抱著困惑，到最後說不定還會被埋沒於黑暗之中。

但是若從世界這個角度來看的話……「說不定可以此為契機找到自我價值，並且奠定一個精彩的生活方式」。因此，我們要歡迎黑暗，吸引光明。只要能看到這種可能性，就可以讓我們重拾幸福。

此外，「連繫光明與黑暗」也意味著與人結緣。

換言之，人的緣分就好比將光明與黑暗連結起來。例如，將為某事所困的人（黑暗）與解決這個問題的人（光明）連結在一起。

可以解決問題的人，乍看之下似乎十分了不起，其實不然。因為存在著問題，可以解決問題的人才能綻放光芒。這麼做，不僅可以讓光明照亮黑暗，還能使黑暗之中的光明更加閃耀。無論於公於私，若是想把某個人與另外一人連繫在一起的話，不妨製造機會讓他們彼此相識、相遇。

短期使命　察覺黑暗

也就是「歡迎黑暗，從中找出可能性」。

既然如此，當下的我們要怎麼做才能達成目標呢？讓我來提議幾個方法吧。

1 ═ 祈禱世界和平

透過與世界的連繫而重拾幸福的你，只要祈禱周遭與全世界的人「越來越好」就已足夠。比方說，到寺院或神社，雙手合十祈禱「願大家一切安好」也是一個不錯的做法。

2 ═ 注意自己面臨的「黑暗」

意識到自身的黑暗，與歡迎周圍的黑暗、吸引光明的能力息息相關。

因此，我們平時要將自己的黑暗面用語言表達出來或寫在筆記本上，並且好好接受它，這才是最重要的。在深刻體驗黑暗之後，再走向可引導光明的地方吧。

例如，當你察覺到「他真是令人羨慕，明明跟我一樣大，表現卻如此出色……」的黑暗時刻，沒錯，「既然如此……」這句話就能派上用場了。就讓我們在此之後，隨意接上幾句讓自己開心的話吧。

「那個人總是如此耀眼，真是令人羨慕。既然如此，我應該也有機會和他一樣優秀吧。因為對方如果是完全遙不可及的人物，那我就不會這麼在意了。」

順便提醒大家，在「既然如此……」之後若是想不出引導出光明的語句，大多數的情況都是因為迎接黑暗的態度不夠明確。

既然無人會知曉，那就讓我們盡情接納自我的黑暗面吧。

另外，學會自我肯定，不依賴他人的稱讚來鼓勵自己也很重要。試著在一天結束之後，好好地對自己說：「我真的很棒！」而能夠完成這件事的關鍵，在於察覺到「那個快被黑暗淹沒的自己」。

3＝介紹一個自認為不錯的人或物

你很擅長找到周圍散發的光芒，也善於發掘連本人都尚未察覺的潛力與魅力。如果你習慣在社交網站或部落格上書寫的話，在文中推薦你喜歡的人物或商品也是個不錯的嘗試。這麼做，不僅可讓對方開心，自己也會樂在其中。

適合M3靈魂的生活方式

關於事業與金錢

「不知不覺就這樣跳入這行」。你是那種因為某個偶然的機緣滿足了當下的需求，結果就順水推舟從事某份工作的人。

你通常都是在人際關係的幫助之下，得到了現在這份工作，不然就是周圍的人決定你的立場與工作。這非但不是壞事，反而是與你的個性相符的工作運勢。

靈魂類型屬於自我圓心型的你，不僅重視與周圍的互動，更在意與世界的連繫，因此容易收到外界的邀請。

收到邀請時，你心中的第一個想法或許會是：「嗯？這件事未必要找我吧？」

但是實際做了之後，說不定會就此成為自己的天職。

然而，這種情況卻會讓你容易陷入「不管過多久就是找不到自己想做的事」之類的困擾中。此時，若試著處理眼前受人所託之事，人生的道路說不定就會慢慢拓展開來。

你的靈魂需要旁人的幫助，才會發現自己的個性，獨自思考是不會有結果的。就算起初覺得有點困擾，也要勇敢融入他人的圈子之中。要是真的不知道該如何與人相處，那就徵詢某人的意見與看法，從中探索自己的個性，這才是最重要的。

至於財運方面，你對於金錢的運用方式非常靈活，可以輕輕鬆鬆地存到一筆錢，也知道如何看準時機投資。只要與周圍的關係夠密切，財運就會按照比例慢慢提升。在與他人交往時，通常會需要一筆交際應酬的費用，但這也是一項不可避免的必要支出。

關於人際關係（全面）

你的靈魂屬於自我圓心型，與世界的互動非常頻繁，因此，人際關係往往會以脫離你意志的方式迅速擴大。

就算你沒有主動拓展人脈，遠方的人也會知道你的存在，而且對方的資訊會跟著傳到你耳邊。此時最重要的，就是要善用這些機會，找到一個可以讓自己大顯身手的舞台。

屬於這個類型的人又可分為兩種：一種是在他人的圈子中活力洋溢的人，另一種是稍微封閉，會在身旁築起一道牆的人。但是最重要的，就是「在這段人際關係中接受他人恩惠」。

簡言之，在他人圈子中充滿活力的人，就積極地與旁人交流溝通；容易在四周築起一道牆的你，就與自己信賴而且想要連繫的對象緊密接觸就好。這就是你的使命。

關於人際關係（愛情與婚姻）

之前提過，「連繫光明與黑暗也意味著與人結緣」。這個概念當然也適用於你自己身上。

與其他靈魂相比，一對一的伴侶關係在你人生中的地位格外重要。說得極端一些，你的靈魂甚至「對於伴侶關係並不想隨意妥協」。

正因如此，有些人可能要遇到一對一的戀愛或婚姻關係才會「真正面對自己的情感」。雖然你在工作等人際關係中，表現得十分冷靜而且富有洞察力，但是私下與某人的距離變近時，反而會變得稍微情緒化，甚至出現極端的行為。特別是當你在壓抑自我的情緒時，這樣的反應通常會非常明顯。

假設疲憊不堪的你，原本打算下班後回家好好休息，卻一直掛念「老公說不定餓著肚子在等我」。可是當你回到家之後，竟然看到丈夫完全不擔心晚餐，躺在那裡休息的慵懶模樣。

此時的你，可能會忍不住破口大罵：「我也很累的好不好！」

這並不是在檢討誰對誰錯，而是反映了你內心的真實想法，那就是「我也想要偶爾懶散一點」。而這樣的願望，正好實現在老公這位人生伴侶身上。由「真希望他能多體會我的心情」所產生的孤獨感，說不定還會因此轉變成憤怒表現出來──就像「我也是會累的啊」。

屬於「自我圓心型」的你，因為與世界之間的關係十分密切，所以周圍的人就像是一面鏡子般，會映照出你內心的真實感受。

在這種情況之下最重要的，就是正視自己的想法，並且坦率地讓對方知道你是怎麼想的。例如，在聊天的過程當中不經意地提起這件事，像是：「今天太累了，晚餐要不要出去吃？」「你偶爾也關心一下晚餐嘛。」

這樣在一對一的伴侶關係中，便能夠透過對方的言行舉止來展現出自己壓抑的情緒。只要這麼做，你就會慢慢意識到內心的真正想法，進而蛻變成長。

因為你相當清楚「人是無法獨自生活的」，也非常了解伴侶關係的重要性。

能夠幫助你的靈魂類型

「M4跨越時光之海的船舶」的靈魂類型與你相同，因此你們彼此之間能相處融洽。無論好事壞事，都不容易起爭執。

雖然能成為好朋友，但有時卻會覺得難以與對方坦誠相對。儘管如此，你們之間依舊是「只要把事交給對方處理就能放心」的信任關係。

與「M1編織神話之手」的關係十分輕鬆的你，與對方樣樣都能聊，就算互相抱怨也不會破壞友誼。事業方面，只要你對外展現能量，並讓他們在背後給予支持，也就是互相分工合作來進行，事情就會進展得更加順利。比方說，當你以一名業務員的身分推廣業務時，「編織神話之手」就會在背後製作業務資料，協助策劃安排。

而你從靈魂類型不同的「J3洞察未來之眼」身上，則可得到鼓舞人心的動力。當我們遲遲無法跨出第一步時，他們會在後面支持或者在前面引導，讓你察覺到自己「要追求更高的目標」。

阻礙人生的「心靈亂流」

- 無法不當「好人」
- 讓自己的價值變得模糊不清

當你自覺如此時，就代表已經陷入無法找到光明的困境裡。

這也是你在回到幸福這條路上的過程中容易經歷的關卡，也是一種「心靈亂流」。一旦陷入其中，就會無法動彈。但是只要開啟「隨機應變、處理矛盾」這項天賦，就能輕易脫離亂流。

時常關心旁人的你，總是備受大家尊敬與信任。這是一件值得讚賞的事。因為你往往會努力滿足旁人的期望，不管再怎麼疲憊、再怎麼不甘願，你還是會盡力維持一個「好人」的形象。

但這種情況是「不當個好人的話，說不定就會被討厭」的不安心態所造成的。也是你常常陷入的心靈亂流。要注意的是，若你一直勉強自己，到達極限時可能會被「燃燒殆盡」。

保持「好人」形象其實好處不少。不僅可以討旁人開心、受大家喜愛，對方也會越來越樂意對你敞開心胸，也難怪你會經常身心俱疲。

也就是說，你會變成一個「容易讓人依賴」的人。責任感強的你，或許覺得「既然那時候深受他們照顧，稍微勉強一下應該沒關係」。可是這個「稍微」一旦累積到某個程度，就會變成一個巨大的壓力，進而演變成當我們想試圖放下「好人」這個身分時，強烈的罪惡感就會襲來。

事情若是演變到這種地步，那麼你的靈魂就要藉機好好展現使命了。你可以正視自己內心深處的黑暗面，也就是「那個害怕被討厭的我」、「沒有達到大家期望就會擔心失去地位的自己」。

進一步來說，你應該也能好好讓對方知道這些想法。比方說，「我之前因為擔心而太過照顧你，事後想想這對我們似乎都不太好，所以我想重新建立一段新的關係！」不妨如此提案看看吧。

「好人」這個陷阱往往讓人時常陷入其中。但只要脫離那個陷阱，來自光明與黑暗的祝福，以及帶有全新可能性的種子就會誕生。

除此之外，靈魂類型屬於「自我圓心型」、相當重視周遭關係的你，還極度容易陷入「不太清楚自我價值」的心靈亂流之中。

例如，在工作上按照旁人期待一一完成任務的你，有天突然萌生出一股不安，不禁自問：「嗯？我到底想做什麼？這些事非我不可嗎？」此時，若是有人在這個時機點指出你在工作上的問題，或者只是稍微批評了兩三句，你就會覺得「其實可以勝任這份工作的大有人在，根本就不是非我不可。何況這個職場裡也沒有特別需要我，不是嗎？」進而對於每一件事予以否定。

然而，這並不代表你的生活方式不對。問題的根源在更深之處。周圍的人有沒有對你給予評價不是重點，因為關鍵在於**「你是否有好好認可自己」**。

在你過去的人生當中，說不定只有在特別努力或者在某方面表現比他人出色的時候才會得到認同與肯定。

如此一來，你就會不由自主地編出一個「如果不多努力一點的話就會得不到認可」的故事，而且這樣的念頭說不定現在依舊纏繞在心中。

在你腦海裡，或許還記得某個人對你說過的刻薄話語：「反正你也成不了什麼大事。」不過這樣的記憶應該會鞭策你「要做出更多值得讚賞的事」。也就是說，從你的角度來看，圍繞著你的世界幾乎是「一片漆黑」。這個時候就算有人給予肯定，你也聽不見。

然而，不用擔心。因為越是如此，我們就越懂得怎麼在自我內心裡找到光芒。該做的事情只有一件，那就是認同自己，接受自我。**即使沒有得到他人的認同，只要我們懂得肯定自己就足夠了。**

只要這麼做，我們就能學會如何讓自己與周圍散發出更多光亮。

「就算無人認同，只要我知道自己的價值就好了」。真正理解這一點時，我們將會重拾昔日的風采，腳下的世界也會具有無窮潛力，充滿可能性。

重拾幸福的重要徵兆

「被稱讚的時候」就是你要好好珍惜的徵兆。

你一直以「希望世界成為一個宜居之地」為動力，致力於改善眼前的事物。這樣的生活方式對你來說，或許是家常便飯，但對周圍的人而言應該是一件值得感激的事。

「真不愧是你。」「找你幫忙是對的。」「我們一直都很感謝你。」像這樣來自各界的感謝與讚揚，想必已經傳到你耳邊了。既然你在這個世界的任務是不斷創造出「可能性的繩結」，當然會覺得接收到他人的感謝，就像是工作有所回報一樣自然。

但是請你問問自己，是否有好好接受這些感激。你是不是會推辭，說「這種事不值得特地稱讚」，或者在受人稱讚時反而倍感壓力呢？事實上，你應該要試著坦然接受。

「哇！沒想到你竟然這麼欣賞我！實在是太榮幸了。」只要這麼做，就能讓自己進一步培養出「活出自我使命的喜悅」。

CHAPTER 9

跨越時光之海的船舶

M4

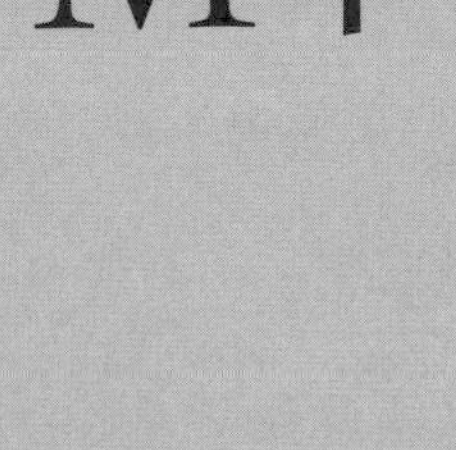

住在地球上的我們，意識互相連繫，

甚至超越了時空，宛如一片跨越時間的大海，

而你，就是那艘穿越這片遼闊海洋的船舶。

你的船成了標誌，

雖然只是在無垠大海之中漂浮，

卻試圖創造出新的事物。

你的冒險得到了大海的支持，

成爲這片汪洋大海的指標。

「跨越時光之海的船舶」的使命

靈魂以自我為圓心的你，在與各種關係的互動過程當中會不斷成長，建立自己的風格，因為你是那種會在自我周圍「畫圓」以創造軸心的靈魂。

對你來說，這個「圓」也可以說是「時代本身」。雖然說是時代，但並不代表我們要談論的是無法掌握、範圍龐大的主題。除了專注於當下，若要重新感受幸福，那就更不能忽略從現在到未來的這段時間軸。

在思索社會與人類的未來時，培養一個「該如何存在？該做什麼？」的大局觀就是你的使命。

而且你所展現的姿態，就像是一位領導世界邁向進化的發明家。

若將整片大海比喻為人類意識的集合體，那麼，引導這股龐大意識走向美好未來的那艘船就是你。在這片名為時代的大海上，你的靈魂就像是一個航道標誌，無時無刻都希望能為時代帶來「全新的冒險」。

這樣的念頭，或許偶爾會讓你覺得自己的生活好像與社會脫節。有時候，你會感覺自己在這片浩瀚大海中孤立無助，不知道該往哪個方向前進。但就靈魂的角度來看，這也是一種積極的狀態。因為當下的你，**正帶著全新的「事物」來到這裡。**會感覺到無助，是理所當然的。

其實你並沒有與周圍脫節，也不是孤單一人。這一刻，應該可以說是身為「軸心」的你，在圓的力量之下浮出海面的那瞬間。這樣的生活方式才是你找回幸福的路徑。

為了詳述這個使命的內容，接下來我們要從以下三個階段來說明。

- 長期（終身追求的目標）
- 中期（要隨時準備的事）
- 短期（最好今明兩天就開始的事）

長期使命

為人類的將來展現美好的一面

你這輩子都要把「與時代融合」視為重點，並且應該「致力於完成的使命」，就是「為人類的將來展現美好的一面」。

基本上，你並不會滿足於現況，總是認為不管是世界或自己的人生都應該過得比現在還要好！這樣的想法會讓你創造出一些新事物，為世界帶來希望。

然而，這麼做並不代表否定了過去。在珍惜「現有之物」的同時，你也會努力尋找有益於未來的事物。

你常提出一些世人眼中新穎又罕見的「新事物」。若要他人接受，勢必要秉持著「堅定獨立」的態度才行。你之所以試圖改變世界，是因為你的靈魂明白「有時進化是源自一個人的孤獨」。不僅如此，你還知道世界上的每個人都是「獨一無二的存在」。

正因如此，你會懂得尊重旁人的個性，而且這樣的生活方式應該也會為身邊帶來各種影響。

「對人類未來有益的事物」在你心中是什麼呢？倘若你的內心已經有答案，那就去尋求它、展現它。只要透過這樣的生活方式，幸福就會回到你身旁。

中期使命　勇於載浮載沉

這個龐雜的話題還沒有結束。不過，接下來要先聊個與使命有關的事——在我們的日常生活當中，最重要的東西是什麼？

例如，當你有下列這些感受時，你的靈魂說不定正處於「準備發揮使命的狀態」之中。

- 感覺好像快要從這個世界的體制中浮出海面來
- 想要為偉大的目標而行動
- 對於現有事物並不滿意

不過，這些感覺通常也會伴隨著疑慮，像是：「這樣好嗎？」

若將人類的意識比喻成浩瀚的大海，那麼，你的使命就彷彿是漂浮在海面上的一艘船。既然如此，難免會感覺自己好像與周圍格格不入。

雖然「與周圍格格不入」這個說法通常帶有負面含義，但是此處並非如此解釋。這句話代表的應該是「為了替周圍尚未被意識到的聲音代言」，或者「為了向周圍展示新的道路」而浮出海面。

換句話說，**洞察到「身邊與眾不同的事物」**，也是你在日常生活中值得努力追求的使命之一。而「浮出海面」所指的，就是帶領時代或周圍的人走向新的地方。有的人是刻意為之，有的人則是毫不自覺地這麼做。

若要解釋，那麼討論的範圍就會變得太過龐大，因此，我們不妨以一個具體人物為例來說明。

前大聯盟棒球選手新庄剛志是北海道日本火腿隊的總教練，靈魂類型屬於「跨越時光之海的船舶」。從他的言行當中不難窺探出這種靈魂類型獨特的一面。

曾經有這麼一則小故事，事情發生在一個語言不通的陌生國度。當時的他正在挑戰美國大聯盟。

「教周圍的人講日語，說不定會比我學英文還要快。」他在書中這麼說道。據說在球隊成員之間推廣日語，就是他在團隊建立人際關係的方法。

常理來說，我們通常都會想要盡快學好英語，以免遭到旁人排擠，但他不僅沒有消極看待自己的「格格不入」，反而還試圖帶領周圍的人走出新方向。

因為他的靈魂知道只要由自己來掌舵引導，就能讓世界（周圍）發生一些變化。「我是世界的一部分，我的轉變也會影響著世界。」他的這種感覺比其他人還要強烈，這也是「跨越時光之海的船舶」擁有的特徵之一。

如果你的態度開朗積極，大家就會配合你，如此一來，一切就會按照自己的節奏發展。不過我覺得這與「運氣好」也有關係。

——新庄剛志，《這是什麼？》（わいたこら。人生を超ポジティブに生きる僕の方法，暫譯）。

這番話正好說明了，他自己就像是一艘漂浮在群體意識這片大海中的「船」。

或許你會這想：「話是這麼說沒錯，但他以前是大聯盟球員，根本就不是泛泛之輩，我怎麼可能有辦法和他一樣呢？」

然而，透過這個實際範例，我並不是要大家成為和他一樣的人。我想要傳達的是，你的靈魂可以反過來運用**「無法融入群體的自我」**及**「與眾不同的方式」**來試著與群眾產生互動。

那為什麼會有這樣的性質呢？因為你的靈魂不僅希望能滿足個人的感情，還渴望為龐大的目的採取行動。而且你並不會輕易安於現況。

如前所述，你是以現有事物為基礎來創造出「新事物」的人。

例如肯恩・威爾伯（Ken Wilber）就是一個靈魂類型屬於「跨越時光之海的船舶」的人。身為新一代心理學研究者的他，不僅整合了古今中外的心理學理論，還融入宗教等各種思想而提出了一套理論，躍升成為時代寵兒。

當「宗教」和「思想」這兩個關鍵字同時出現，往往會讓人們停止思考，認為

「每個人只要相信自己的信仰就好了，不是嗎？」但是他卻選擇了「以宏觀的視野」來尋找更好的事物。

換句話說，他並沒有選擇相信任何一種觀點。「要是我們超越現已十分完善的各種思想體系，會不會出現更好的東西呢？」這樣的視野已經充分表達出你靈魂類型的特徵了。

如果「涵蓋現有的心理學、宗教、思想＝無垠大海」，那麼，他可以說是在這片大海中開闢新航線的人物。「不滿足於現有事物」所指的正是這種情況。

這麼做的目的，也是為了超越個人利益，亦即實踐「想要為偉大的目標而行動」這個使命。

這個類型的靈魂有個特點，那就是他們不會只為了自己的利益或得到他人的讚賞。他們之所以這麼努力，**是希望能「為這一行的將來而奮鬥」、「讓這個領域能有進一步的發展」**。

因此對你來說，重要的是，當你在思考所身處的世界、社會與行業的將來時，是否曾經問過自己：「我能做些什麼？」這個問題是邁向重大目標的契機。

大家現在不妨想像一下你身處的環境。雖說如此，但在思考時可以試著稍稍擴大範圍，也就是除了身邊的家人與親朋好友之外，朝向更廣泛的層面去思量。例如，你所任職的公司、組織、所屬的社群、地區團體、你所從事的專業領域、整個業界、理念與你相同的人、國家、世界等等。從中思忖自己提出的問題吧。

如果你覺得自己與眾不同的話，那麼你說不定正在實踐原來的使命，因為你會在其中找到某些提點。

身為一艘在大海上航行的船，不要害怕成為「少數派」。這並不代表你孤立無援，只能自立更生。記住，即使剛開始只有自己，之後還是會有志同道合的伙伴陸續搭上你的船，與你同行。

你的靈魂並不會被自己的職稱或常識所束縛。

所以你可能會有種與世界脫節、異於他人的感覺。但是我們應該大膽地揚起風帆，選擇自身的航路，活出自己的人生。因為這樣的生活方式會超越時空，永存於世，為後代帶來良好的影響。

只要這麼做，幸福就會回到你身旁。

短期使命　在浮沉之間找到意義

要在與世界格格不入之中找到意義，也就是必須從社會的運作中脫穎而出。既然如此，當下的我們要怎麼做才能達成目標呢？讓我來提議幾個方法吧。

1＝找出慢慢變得不再重要的「理所當然」

找出那些正逐漸被淘汰的價值觀和規則，並試著用語言表達出來。或許你會對這個世界稍稍感到不安，但是這些感受會成為你在事業上的靈感，甚至是生活方式的指南。

舉例來說，「孩子上學是理所當然的事」、「想在第一線大顯身手，當然就要到大都市發展」、「結婚之後住在同一屋簷下是天經地義的」等等。這些不管是在過去或現在都被視為理所當然的事，最近也開始出現了「未必如此」的價值觀，而且每個人的選擇也變得更多元了。

而你的使命，就是打破這些過時的價值觀，為社會提供更多選擇。若要達到某個境界，最好平常就對「落伍的原則」與「正在改變的規範」保持敏銳。

靈魂屬於這個類型的偉人，有曾為大河劇主角人物之一的新島襄。

當時年僅21歲、血氣方剛的他，在幕末時代違背了國家禁令前往美國。這個決定讓他有機會創辦同志社大學，而校方更是在他辭世之後繼續為許多年輕人提供教育，直至今日。

對他來說，「禁止去美國」這條規定根本就毫無意義。而擁有「就算現在是違反規定的事，到了將來卻未必如此」這種觀點的你，反而可以讓靈魂更加耀眼（當然這並不是在鼓勵大家違規）。

2＝與朋友聊聊

找位好友喝杯茶，隨意聊聊。

對你來說，這是一段不可或缺的時間。雖然你的朋友不多，但只要對方是一位可以讓你開心暢談的朋友，在聊天的過程當中，就能在彼此心中留下一段互相激發靈感、豐富美好的時光。

每當「浮出海面」時，你似乎也能從中得到一些有意義的線索。像是舉辦互相討論最近讀過的書之類的小型讀書會或學習會，也是很值得推薦的方法。

3 擁有不受流行左右的隨性風格

你是一艘引導群體意識的船舶。不是追隨流行，而是創造潮流的人。你那單純的興趣與好奇心對於世人也會有所幫助。

靈魂類型屬於自我圓心型的你，雖然需要在團體中與他人互動，卻也是個特別需要獨處時間的人。我們應該要隨時讓自己擁有一段可以自由享受單純的好奇心，與探索精神的時光。

「因為大家都這樣，所以我也要一樣」之類的事情，對你來說完全沒有必要，我們大可放心地跟隨自己的節奏，追求自我風格。

另外，關於日常生活方面，「穿上自己想穿的衣服」而不是流行服飾、「聽自己想聽的音樂」而不是流行音樂等情況也是同樣的。只要這麼做，就可以讓你的靈魂重拾幸福的感覺。

適合M4靈魂的生活方式

關於事業與金錢

你在工作上有幾個非常明確的條件。那就是：

- 工作方式要自由
- 思想能力要自由
- 工作目標要龐大

只要這些條件能夠得到滿足，不管是在組織裡工作的人還是自由工作者，都能從事一份可以發揮使命、意義非凡的志業。

但就「自由」這個層面來看，對你而言，與其在意工作時間與報酬等物質層面的東西，「工作方式」與「自由思考會」受到多大的限制反而更為重要，因為我們尋求的是一種能夠讓人安心自由發展的「基礎」。

順帶一提，這個基礎因人而異，有些人是「熱愛的學問」，有些人是「值得信賴的組織」，情況各自不同。不僅如此，這個條件有時也會與某個「重大目標」相關。換句話說，你是一個追求「超越工作這個框架」的靈魂。

舉例而言，假設你是一位從事研究工作的人員，但你並不覺得自己是為了維持生計而從事研究工作，而是為了一份深刻的感動、為了社會大眾而進入這行。對你來說，你所選擇的工作已經是十分出色的終身事業。

你在意的是「超越現有的事物，實現偉大的目標」，因此，能不能做到這點就更為重要了。

視野如此遼闊的你，擁有一種能力，能讓促進社會貢獻的金錢不斷地循環。除了自己的幸福，你還會努力實現社會的福祉。「既然如此，那我要選擇什麼樣的賺錢方式呢？賺到的錢又該如何利用呢？」為了達到目標，你會不停地思考這些問題。

就算現在的你經濟上不是非常寬裕，或者礙於無奈，從事一份非理想中的工作，但若能秉持「要是透過這種賺錢方式讓一個人變得幸福，那我就心滿意足了」這個想法而全心全意投入工作的話，就能找到重拾幸福的契機了。

即使剛開始只是一個小小的循環，依然有機會慢慢滾成大錢。

關於人際關係（全面）

靈魂屬於自我圓心型的你，與時代連繫的關係非常密切，所以常常會刻意想超越現有的模式。另外，你偏好「不受世俗框架拘束」的人際關係，在這方面所追求的期望也相當高。

你想要建立的並不是單純的好友團體，也不帶有上下關係，更不會給任何人造成負擔，而是自由平等的關係。

就算是一對一的關係也是一樣。而且還希望彼此能以「真實的自己」來互相連繫。

這可能會讓人以為你是在尋求一段需要坦誠相待、接納彼此感情的關係。然而，你所希望的卻是超越感情之上，與對方最純粹的一面連繫。

被那些純真的人所吸引的你，十分好奇在對方的生活中什麼才是最重要的？哪些事可以讓對方充滿熱情，全力以赴？而在情侶、夫妻、師徒等關係之中，你所追求的更是一個超越框架的平等關係。

關於人際關係（愛情與婚姻）

在一般的戀愛或婚姻關係之中，通常會希望能提供一個「安心、安全的空間」。但對你來說，彼此保持獨立是最重要的。

互相擁有獨立的心智，並支持另一半的生活才是你所追求的愛情關係。若能建立起這樣的關係，一旦有需要，就能夠幫助進一步對方。

在這方面，有些人重視友情的程度和愛情一樣高。然而，看在奉行愛情至上主義的人眼裡，這樣的你或許會讓人覺得稍嫌冷酷。

你是一個擁有遼闊視野、充滿愛的靈魂，能夠完全接納及尊重對方的過去、現在與未來。正因如此，你通常都要花一段時間才會喜歡上一個人，而且一旦喜歡，就不會輕易改變心意。

要是你的心意非常容易改變，這很有可能是因為你的靈魂還沒遇到可以「完全接納」的伴侶。

在婚姻生活當中，你會希望兩人是一段自由而且相互尊重的關係。對於想要超越現有模式的你來說，「丈夫應該是這樣，妻子應該是那樣，家庭必須要這樣」的框架是不存在的。因此，如果能活出自己的靈魂，應該就能建立一個符合你個人風格的家庭模式。

除此之外，你並不會為了實現崇高的理想而忽略對方的內心感受，只是不會太過重視罷了。這並不是壞事，但彼此之間的誤會若是太多，將焦點放在這些地方上的話，說不定會更容易解決問題。

能夠幫助你的靈魂類型

與你不同的自我軸心型當中，靈魂類型屬於「J3洞察未來之眼」的人，是為了在你的人生中給予極大幫助而與你連繫在一起的緣分。就算沒有直接的緣分，要是能夠理解那些擁有洞察未來之眼的人，窮盡畢生努力想傳達之事，對你的人生就有可能產生重大的影響。

另外，與「J2聚光稜鏡」相比，雖然彼此的性質各有不同，卻能互相讓對方的使命發揮作用。舉例來說，你也許能讓對方創造的東西有所改進或加以推廣，或者使聚集在他們身旁的人有所成長。

阻礙人生的「心靈亂流」

- 花太多時間做決定而且猶豫不決。即便下了決定，依舊苦惱不已
- 缺乏幹勁與動力，只知道抱怨和反彈

一旦處於如此情況，就顯示你已經陷入一個無法順利發揮使命的狀態之中。但如果是有自覺的人，就代表他距離發揮使命這個境界只剩一步之遙。沒有自覺也無妨。若是尚未察覺，不如問問自己有沒有置身在這種情況之中。

那麼，我們該如何脫離這兩股亂流呢？接下來就讓我為大家詳細說明吧。

首先是「花太多時間做決定而且猶豫不決。即便下了決定，依舊苦惱不已」。

原本的你，是可以自己做出重大決定，而且一旦下定決心，就不會再猶豫的人。但當這樣的你無法做出決定時，往往是因為**太過相信「樹大會招風」**。

當某件事讓你困擾不已、遲遲無法下定決心時，不妨試著捫心自問：「就算成為眾矢之的也無妨的話，你會選擇哪一個？」此時，你的靈魂應該會立即做出符合期望的最佳選擇。

做出選擇以後，依舊身陷煩惱之中的時候也一樣。下定決心後，若是仍感到困擾，事情也進展得不順利的話，試著問問自己「是否因為害怕表現太突出而刻意在心中放慢步伐」。

請記住，你的靈魂是一艘「跨越時光之海的船舶」。和漂浮在海面上的船一樣，是一個超越群體意識而浮現出來的存在。

這樣的靈魂不僅是群體意識的象徵，還肩負了成為「出色人物」的使命。然而，有時這麼做卻會伴隨著極大的不安。不過，你的靈魂應該非常清楚**「樹大並不會招風，而是會成為大家的指標」**。

話雖如此，樹若是太大，當然也有可能被風吹倒。不過，在你的內心中想必依然會有一股比這陣風更加強烈的推力存在。而且你的靈魂知道，實現這個想法才是最重要的。

因為一直擔心被風吹倒這件事對你的靈魂來說，根本就毫無價值可言。

另一個心靈亂流就是「缺乏幹勁與動力，只知道抱怨和反彈」。

當世界上出現一個新事物時，通常就會連帶發生對於舊事物的反彈。而對於「希望能在時代中創造出更好事物」的你來說，「對舊事物的反彈」絕對會經常環繞在你心中。因為這是作為「領導群體意識這艘船」的你必須具備的條件。但你的熱情來源如果只有這份「反彈之心」的話，恐怕會有「燃燒殆盡」的一天。

因為反彈之心可以算是一種「憤怒的能量」。就廣義來講，「憤怒」是一種改變事物、打破現狀的能量，也是引發某件事的基礎。

但是如果繼續燃燒下去，就會產生無法承受的壓力，讓原本應該完成的使命迷失了方向。

如果你覺得自己已經全力以赴卻遇到瓶頸，那就有可能是因為你只靠這份反彈之心在努力。但是這個選擇真的會讓你開心嗎？是否能為世界帶來新鮮的事物呢？這些都是你重新檢視自我的徵兆。

但我們不需要從負面的角度來解讀這些困境，畢竟這只是單純在進展順利之前會出現的亂流，是你正在向前邁進的證據。

重拾幸福的重要徵兆

之前已經提過不少次，當你感覺「自己好像與人格格不入」、「異於他人」的時候，這就是你要好好珍惜的徵兆。

既然浮出了海面，那麼就會有人注意到你的存在，也會有你能勝任的角色。而漂浮在海面的這段期間，你更能看清群體意識這片大海的模樣。

越是在這樣的時刻，越希望你能想起自己的靈魂類型是「跨越時光之海的船舶」。在這個時代的大海中，你想朝哪個方向航行呢？時代的意識應該要如何進化呢？既然身為一個超越世俗的存在，那就要站在高處俯瞰輿論和倫常，牢記自己是一艘船，以自豪的態度生活，這才是你的使命。

這樣就能想起快樂的感覺，重拾幸福。

CHAPTER 10

演奏宇宙之音的鋼琴

M5

若要將你正在聆聽的宇宙之聲化爲語言應當不易。

因爲你知道將其轉爲語音、化爲文字之後，

過沒多久就會變得索然無味，枯燥無趣。

但要記住的是，還是有人會期待這宇宙之聲。

你所感受到的事情、收到的訊息，

宇宙的音樂、宇宙的畫作、宇宙的故事，

只要以這些爲橋樑就能隨時回到幸福身旁。

用這雙眼睛，這對耳朵，

以及這個靈魂去看、去聽、去感受

人們重拾幸福的模樣。

因爲這條路，就是重返幸福之路。

「演奏宇宙之音的鋼琴」的使命

靈魂以自我為圓心的你，會在尋求與外在連繫的過程當中尋找自我。而你所尋求的「外在」連繫會超越個人、周遭環境、世界與時代，到達「靈性」這個層面。這是一個難以用邏輯解釋的層次。

順便一提，提到靈性這個詞時，你會聯想到什麼呢？是幽靈？還是守護靈或天使？當然這些也包含在內，但是所謂的靈性並非僅指那些「超現實的存在」。只要是人，不管是誰都會擁有靈性，英語為「spirituality」。那麼，心靈、身體、靈性……它們之間什麼區別呢？這個主題與你的靈魂使命息息相關，讓我們再多聊一些吧。

例如，當腳骨折時，身體通常會伴隨著疼痛。這是生理上的困擾。不過，此時人們的心裡也會感到不安，比方說「什麼時候能痊癒？不能按照自己的意願行動真的會人焦慮、壓力很大」，這些則是心理上的困擾。有的人甚至會想：「為什麼我的腳會受傷？難不成是我的生活方式有問題？要是不能走路的話，那我活著還有什麼意義呢？」

這就是靈性層面的煩惱與痛苦。同時也是格外容易被肉體疼痛所遮蔽掩蓋而忽略的痛苦。換句話說，**靈性是從「生活」及「人生本身」這個廣闊的角度來看待自己的一種感性。**

好了，話題該回到你的靈魂上了。就占星術的觀點來看，你是一個在意識裡曾經「完全吸收黑暗，再次接受光明，並恢復自我的過程」當中誕生的靈魂。

若將「黑暗」視為人類的群體意識，將「光」視為你的個人意識的話，那麼，你就是一個經歷了所有黑暗與光明、能夠原諒及接受一切的靈魂。無論如何，這個規模是非常龐大的。

若要比喻的話，你的靈魂說不定就像是一個曾經擁有仙人般的經驗、天真無邪的孩子。你有能力將自己委身給這個世界，但是這樣的生活方式並不代表你會成為一個被社會埋沒、沒有個性的靈魂。

而且這樣的生活方式，也是你通往幸福的路徑之一。

為了詳細介紹你的使命，接下來我們要按照以下三個階段來說明。

- 長期（終身追求的目標）
- 中期（要隨時準備的事）
- 短期（最好今明兩天就開始的事）

長期使命

讓人類的靈性昇華

帶著這樣的靈魂而誕生的你，這輩子所要努力的使命，就是「讓人類的靈性得到昇華」。

這是一個相當龐大的主題。為了實現這個目標，每個人所選擇的工作或人生事業都各不相同。

之前曾經提過，靈性是一種可以從「生命」及「人生」這兩大觀點來看待自己的感性。簡單來說，就是要盡量創造、體會及提供許多讓人覺得「活著真好」、「選擇了這樣的人生真棒」的時刻，而且這也算是你的使命之一。

在「靈魂占卜」中，你的靈魂比任何人都更能深入感受「出生之前那個幸福的自己」。正因如此，我們才能像演奏鋼琴那樣將這「回憶幸福的感覺」傳達給周圍的人知道。對你來說，這就是重拾幸福的感覺。

中期使命 讓想像化為現實

那麼，我們要做出何種努力，才能讓許多人覺得「選擇了這樣的人生實在是太好了」、「活著真的很棒」呢？

第一個可以告訴你的，就是「讓想像付諸於現實」。這說起來或許容易，但是實際執行時，可能會讓你感覺難以捉摸。

因為你所擁有的「靈性」能與超越物質世界的次元建立關係。即使是在日常生活當中，也會接收到不受語言框架限制的各種訊息。

舉例來說，即使是漫不經心地在人群中行走，你應該也會受到有別於他人的影響，因為你的天線對於各種事物關連性的敏銳度比一般人高而且精準（當然也可能會引起衝突）。

為了更好地發揮天線的敏銳度，**將你所接收到的訊息放入「與現實邊界劃分開來的容器」**中，這件事就顯得相當重要了，也就是「讓想像付諸於現實」。

同樣身為這種靈魂類型的人，之所以許多都是觸動人心、頗受矚目的歌手或藝術家，原因想必就在於此。因為藝術家的目的，就是透過「作品」來展現自我的感性。

擁有這種靈魂類型的偉人當中，有身兼鋼琴家及作曲家這兩種身分、享譽世界的蕭邦。他的曲子風格精緻細膩，美得像是來自另一個世界。

蕭邦小時候是一個只要聽到鋼琴聲就會落淚的少年，這說明了他的感知能力十分敏銳。可見光是一項樂器，就足以讓他感動。

但如果他只是每天聽著琴聲流淚，應該難以觸動這麼多人的心弦。而蕭邦將自己的心境化為作品留給後世，也成就了一段豐富的人生。

這就是所謂的「讓想像付諸於現實」。那麼，具體來講，肩負這個使命的你平常要怎麼做才好呢？我想從以下兩點來提議：

- 把自己的人生經驗與世人分享
- 將感動化為行動，奉獻給社會

首先，讓我們來談談「把自己的人生經驗與世人分享」這件事。

這並不是要大家「出版自傳」或「揭露自我」（這麼做當然也是不錯），而是希望大家能保持這樣的心態。如此一來，過去的負面經歷與積極的成功經驗，都會轉為對社會的貢獻。

「我只不過是一個平凡的家庭主婦。」即使是這麼說的人，通常也會擁有許多寶物。比方說，如果你肯將自己面臨的育兒難題向人傾訴，或者透過社交媒體及部落格用文字表達出來，說不定就會有人站出來與你一起面對問題，紓解擔憂。

我有一位身為家庭主婦的好友曾經說過，當她走在人潮擁擠的地方時，身體會因為接收太多的訊息而感到不適。但自從她將自身不適的經驗與世人分享之後，現在已經成為了一位出色活躍的療癒師。

雖說要與世人分享自己的人生經驗，但我們並不需要有什麼「克服過去那些難關、得到成功」之類的戲劇性故事。無論自己的現況為何，通通都沒關係。

因為打從一開始，你的靈魂就像是一個曾經擁有仙人般的經驗、天真無邪的孩子，也是非常容易打開他人心房的人。這樣的特質，想必也是為了完成使命而被賦予的吧。

「讓我的人生造福大眾」這種話說來或許有點浮誇，但要記住一點：**只要像這樣與他人分享你的人生，你的生活方式就能為許多人帶來一絲光芒。**

另一個方法則是「將感動化為行動，獻給社會」。也就是將先前提到的「把自己的人生經驗與世人分享」轉變成另外一種形式。

我們的人生，想必會因為接觸到藝術、知識、人物及思想等體驗而感動。那種令人感動的體驗（＝靈感）之所以會讓你有所觸動，在於它與你的「靈性」這個層面相互連繫。

而你所體驗到的層次，應該也會有別於他人。就算這對你來說，只不過是一個日常生活中的感動體驗，卻值得與眾人分享，因為說不定這裡頭潛藏著救贖許多靈魂的可能性。

正因如此，將那些體驗與靈感「化為形體奉獻給世界」，才會是你的使命。

以靈魂類型與你相同的已故藝術家岡本太郎為例。據說，當他看了畢卡索的作品之後就深深為其所吸引，自此之後便開始致力於風格獨特的創作。

他不僅對畢卡索的作品感觸頗深，創作時還將這份感動應用在自己的作品上。許多人從他的作品感受到對「生命」的讚美，有的人甚至從中得到勇氣。

蘋果公司的創辦人，也就是已故的賈伯斯（Steven Jobs）所屬的靈魂類型也是

「演奏宇宙之音的鋼琴」。

生前的他，深受日本禪宗影響是眾所皆知的事。雖然他不斷向世人推出未來我們想要追求的產品，但據說這些都是他「靜心傾聽直覺」之後而誕生的，不是經過市場調查或考量競爭對手而設計的產品。

可見當擁有這種靈魂類型的人，試圖活出自己的使命時，他們會**消弭自己和他人之間的界線，好將這一切納入自身的範疇之中**。岡本太郎是將畢卡索納入自己的世界裡，賈伯斯則是進入禪宗的世界。他們本人或許只是覺得自己有所感動、受到了影響，但就我個人來看，他們「受到影響的層次」與其他人是不同的。因為他們不是只有受到影響與感動，還能從中創造出新的事物，奉獻給世界。

剛才以幾位相當知名的人物為例，但是他們擁有的靈魂類型其實與你相同。不管我們接觸的是藝術、知識、人物或思想，只要能讓人有所啟發、深受感動，你會如何將其化為形體，呈現在世人面前呢？若能好好深思熟慮這一點，必定可以找到出路。

震撼心靈

意思就是將自己的人生經驗全都奉獻給這世界，並將感動化為形體，呈現在世人的面前。既然如此，當下的我們要怎麼做才能達成使命呢？讓我來提議幾個方法吧。

1＝寫詩

寫日記或部落格固然不錯，但大家不妨試著挑戰「寫詩」。

就我所知，詩是最佳形式的「容器」，可以容納你那高敏銳度的天線所接收到的訊息。

繪畫或音樂通常需要相對應的準備，但如果是寫詩，只要有紙筆甚至是一台手機，就能立刻將思緒化為形體。

順便一提，當我在撰寫這一章時，有首名詩一直在腦海裡迴盪不去。那就是茨木則子（1926－2006）創作的詩〈不想說出口的話〉。

〈不想說出口的話〉
內心深處的壓力／若是硬將埋藏的話／
轉為語言說出口／化為文字寫下來／
想必很快就會失去色彩／
如此一來／駐足之地的一切／
如此一來／所處之地的思念／
若是告訴他人／就會顯得平淡無奇／絕對無法傳遞出去／
因為有些語句／只能存於那個人的氣場當中／
就像一根蠟燭／熾烈燃燒到殆盡／
自私任性地／毫不顧及他人眼光
——谷川俊太郎選《茨木則子詩集》（岩波文庫）

讀了這首詩之後，你的感想如何呢？說不定你的靈魂已對這首詩產生了強烈的共鳴。對我來說，這些共鳴就像是你的靈魂在吶喊。

尤其是這段——「若是告訴他人，就會顯得平淡無奇，絕對無法傳遞出去。」這番話應該道出你內心的想法與接收的訊息和他人不太一樣。正因如此，活在這個世界上的我們，才會渴望聽到你的心聲，因為我們覺得你能編織出觸動靈魂的言語。

其實身為作者的我，也在這本書中挑戰寫詩。現在的我只要透過「詩」，就能將無法用文章解說的事情表達出來。

詩往往讓人們以為是一種需要使用特殊的字詞或複雜的表達方式來呈現。然而，茨木則子的詩雖然平凡，卻能觸動人心。她呈現的世界觀更是讓我受益頗深。由此可知，寫詩這件事不需想得太難太複雜。你可以寫一首自言自語的詩，也可以寫一首向某人傾訴心聲的詩。

寫詩時，你應該會在這當中先發現自己的需求。這意味著你的靈魂已經知道自己真正需要什麼。而寫下的詩句想必也會觸動他人的靈魂。

2 ═ 與大自然接觸

總是會接收到不少無法用言語表達的能量與情感等訊息的你，需要一段時間來重置思緒。只要這麼做，就可以創造出全新的生活。

推薦給大家的重置方式，就是接觸大自然。

上山也好，下海也罷，就算是附近的綠地或公園、自然環境幽美的神社寺院都是不錯的選擇。

若想在家體會相似的感受，亦可考慮播放一些與海浪聲或下雨聲的音樂（在YouTube等音樂平台上都能找到這類的背景音樂）。

3 ═ 試著徹底模仿自己喜歡的人物或作品

你是一個只要跨越所有界線，就能接收到更多資訊的人。因此，當你想要學習新事物的時候，建議你先做一件事，那就是徹底模仿足以「成為榜樣的人」。

這當然不能直接套用在工作上。但起初只要模仿就好，因為不用多久你就能慢慢創造出超越原始素材、能為世界帶來喜悅的東西。這也是你靈魂的特質之一。

其實以模仿聞名的日本搞笑藝人可樂餅（コロッケ）所屬的靈魂類型也和你一樣。聽說他非常喜歡那些模仿的對象，所以才會起心動念去模仿對方，難怪他的表演風格總是充滿了愛與熱情。而且他的才藝已經超越了單純的模仿，這是不容置疑的事。

適合M5靈魂的生活方式

關於事業與金錢

你是一個對於「任何事物的界線」都十分模糊的人。

因此，你或許不太懂得如何迎合這個社會架構中的「金錢」、「商業」和「管理」等框架的要求。但是如同之前我們曾經提到，你是一個敏銳度相當高的人，總是能從日常中獲得不少靈感。

比方說，只要將某些事物放入一個容易理解的「框架」之中，就能創造工作機會，甚至帶來錢潮。這是不可否認的事實。

若站在正面的角度來看，就能創造一個不受金錢及工作束縛的人生。但如果處於「現在想要賺錢」、「想要擁有一份相對穩定的工作」的情況時，那就要稍微調整心態了。

因為如果不把你那無邊無際的靈感妥善收到容器中，就會無法傳遞給世上更多人知道。

所以就算你的靈魂渴望成為一個自由工作者，在某個組織中讓你的靈感變得更加靈活也未必是壞事。只要在某個程度上「積極適應規則」，應該就能讓你充分發揮實力。

如果你選擇自由業這個工作模式，只要將自己的感性應用在創作上，或者盡量在有限的時間內將靈感化為形體，這樣你應該就可以施展出自己的能力。

金錢方面你似乎不太擅長管理，所以會看起來十分大方。對你來說，委託給信任的第三者來協助處理會是一個不錯的選擇。

關於人際關係（全面）

打從一開始，你就是一個對於「個體」界線十分模糊的人，在人際關係方面的寬容度相當高，不僅來者不拒，去者也不追。

擁有這種靈魂的人，通常會相信自己能與任何人建立良好友誼，並不渴望與某個人奠定密切的關係。這樣的行為看在他人眼裡，似乎沒有什麼喜惡之分。

雖然事實並非如此，但最至少**你不是一個只注重「得失利益」的人**。在這種情況之下，你的身旁應該會聚集各式各樣的人。

你的感性非常敏銳，所以有人會說你「太過敏感」，故在「與人交往」這方面有時可能會不太順利。加上自己與他人之間的界線十分模糊，所以旁人的心情起伏經常會無意間闖入你心中，讓你很容易受到負面情緒的影響。

但這也是你靈魂所要面對的課題（關於這點，留待後續再詳述）。

關於人際關係（愛情與婚姻）

一旦進入一對一的關係，你就會全心全意地用無限的愛來接納對方。不管對方是傷痕累累或全身帶刺的人，只要對方在你心中的地位無人能替代，你就會毫不保留地接受他。

所以有時候，你會對自己受傷的事實變得麻木。要是察覺自己出現這種情況，那就試著與對方保持一段距離，盡可能等治癒了內心的創傷之後，再來關心對方也不遲。

另外，你所擁有的是能「以無限的包容」去愛別人的靈魂，只要對方是一個可以堅定接受這份愛的人，彼此之間的關心必然會成就一份美好的羈絆。

你的靈魂類型名稱用了「音（音色）」這個字。聲音是無邊無際的，這也代表你的愛不會只侷限在眼前的人，而是灌注在許多人身上。這樣的想法有時會非常極端，讓你說出「想要呵護所有異性」之類的話。

不過，這樣的愛有時也會適得其反，只要有過一次被異性傷害的經驗，你就會痛下決心，發誓「要與異性保持距離，不再親近或來往」。當你發現自己有這種情況時，最好將心思放在眼前的異性身上，並且好好留意那些珍惜你的對象。

能夠幫助你的靈魂類型

「M2映照愛之泉」的人靈魂類型與你相同，你們對於彼此的生活方式會產生共鳴，待在一起時會格外地安心。他們懂得將心比心，把別人的擔憂與感情煩惱當成是自己的事一樣，並給予對方支持與關懷。

此外，自我軸心與自我圓心混合的「JM1解封者」說不定可以讓你經歷一個層次更高的體驗。當你感到「雖然現狀已經很幸福，但還是有些不足」的時候，對方會給予你突破現況的提示。

阻礙人生的「心靈亂流」

- 回過神時，自己已經無法停止成為「犧牲者」了
- 努力了這麼多，卻還是感覺一無所獲

倘若現在的你處於這種心境，那就代表你正迎接幸福的重要階段。

有時，我們會有一種人生陷入了僵局的感覺，看似可以前進，卻又寸步難行。雖然我把這種情況稱為「心靈亂流」，卻反倒認為這是「幸福近在咫尺」的證據。

第一個要提的心靈亂流是「回過神時，自己已經無法停止成為犧牲者了」。

當然，沒有人打從一開始就想成為某人的犧牲者。不過，你的靈魂卻往往會不

知不覺陷入這種處境。

你的使命是「**讓人類的靈性昇華**」。因此，上天賦予了你「寬容」的才能，以便達成使命。換句話說，這意味著你能夠原諒及接納所有人。

這是一件非常了不起的事。但偶爾你的情緒也會有所波動，因為內心的自卑而試圖用「**全心全意服務他人**」這件事，來獲得自己的存在價值與歸屬感。

即便這是你無意之間所做出來的事，結果卻可能會造成對方過於依賴你，或者不明白負擔為何總是由你一肩扛起。

對你來說，這當然是向對方表達愛意的方式，沒有惡意，你也沒做錯什麼，但是最後卻可能會因此阻礙了彼此的成長。於是愛意如此深厚的你，不斷地告訴自己「只要我努力，就能解決問題」，並繼續犧牲自我，週而復始。

首先，我們要意識到「自己是否正在做出自我犧牲」，之後再冷靜思考選擇哪條路才能讓彼此成長。如此一來，應該就能找出答案。

有時，你會莫名地過度道歉，有可能是因為你陷入了「自我犧牲」這股亂流之中。在這種情況之下，勢必要冷靜評估情況，並重新選擇方向。

然而，當你試圖不再為對方付出時，或許你會覺得像是遺棄了對方一樣，內心充滿了罪惡感。此刻，我希望你能夠想起你原本的使命。

「走上哪一條路，對那個人來說才是真正的成長？」對你來說，一邊思考這件事，一邊做出決定，應該會是最好的選擇。

你之所以「無法停止犧牲」的原因之一，應該是你不太容易將他人的感情與自己的情緒區分開來。自己與他人之間的界線若不夠明確，他人的感受就會不經意地滲入你心中。

在這種情況下，一定要將盛裝他人情緒的「容器」與自己的心情分開。在對方傷心難過的時候，溫柔陪伴固然重要，但是**你並不需要替對方感受情緒，也沒有必要為他人過度操心。**

這段情感是屬於對方的。既然是對方的，你非但無需過度討好，更要將它交還給本人來自行處理。有時，甚至要在心中輕輕劃下一條邊界，因為「我無法替你處理你的情感」，而這也是對於對方靈魂的一種尊重。

而另一個容易陷入的亂流，就是「努力了這麼多，卻還是感覺一無所獲」。我們在人生過程中累積了各式各樣經驗，也付出了不少心力，理應過得非常充實才是。但在回想起來的時候，說不定還是會莫名地覺得「自己的存在好像有些空虛」。

然而，你並非一無所獲或一事無成。嚴格來講，**你只是「沒有以客觀易懂的方式留下任何東西」**罷了。這種情況，就像是倉庫裡堆滿了沒有陳列在店面架上、也沒有標價或貼上標籤的庫存商品。換句話說，讓內心已經擁有的偉大智慧與豐富經驗貼上名牌或標籤，才是你要做的事。

不要因為覺得「自己好像非常空虛」就停止思考，而是要留意緊握在手中的東西。有需要的話，不妨借助他人之手，將你的智慧和經驗化為行動。

此時，建議大家可以參考先前在〈中期使命〉裡提到的「讓想像化為現實」。

重拾幸福的重要徵兆

「流下美麗淚水的時候」是你要好好珍惜的徵兆。

什麼是美麗的淚水？所有你認為的「美麗」淚水都算。因為感謝之情而落下的淚、因為聽到某句話而莫名潸然淚下、因為與傷心的人有所共鳴而流下的淚、在某人身上突然發現愛時不禁滴下的淚。

這些對你來說，都有可能是美麗的淚水。只要你的心這麼認為，那麼這些淚珠都是「美麗」的。剎那間，你的存在會與世界融為一體。

你的內心與靈魂對外面的世界敞開了大門，準備接收來自各處的愛。顫抖的靈魂在心中迴響，彷彿正演奏著美妙的音樂。只要帶著超越言語和理性的「靈魂震撼」，就能在這世界回到幸福的路上，讓許多人的心靈更加美滿。

CHAPTER 11

解封者

JM1

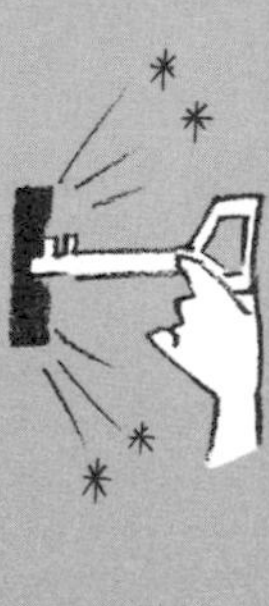

超越自己的過去吧，打破保護自己的框架吧。

在滿心期待另一個世界時，

讓我們解開封印，向前邁進。

平淡無奇的和平只有經歷進化才能守護。

你的靈魂比任何人都還清楚這一點，

所以你才會成爲解封者，

引導周遭的世界邁向進化。

每個人心中都有一扇貼上封印的門，

而在那扇門的另一邊，張開雙手等待著我們的，

正是渴望已久的世界。

「解封者」的使命

靈魂混合了自我軸心和自我圓心這兩種類型的你，會在自我信念與他人意志之間來來去去，藉由不同的觀點來改變自己與世界，使其進化。

你的靈魂為何選擇了「混合型」呢？因為這樣的你，可以在不同觀點之間來回穿梭，找到無人能發現的突破點及可能性。

而你則是於「自己」和「內在世界」之間來去往返。

「內在世界」指的不是抽象遙遠的世界，而是在日常生活中容易想像得到的範圍。當然，這個世界除了考量到你自己，還包括了其他人與大家所身處的環境（即你周圍的人際關係）。

你也可以將其視為「自我周遭的日常現實」。

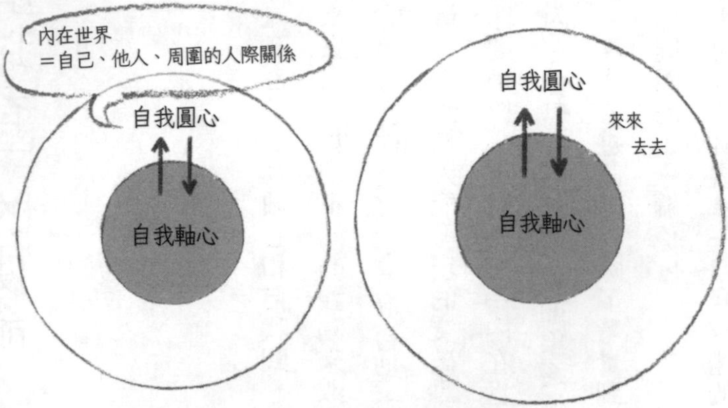

這樣的生活方式就像舞台上的演員與觀眾來來去去、不斷切換的角度。來來去去的目的是為了追求「變革和進化」，如此一來，你的觀點才不會停滯在自己或旁人身上。你必須思考的，應該像是：

- 與信任的合作夥伴一同進化時，該採取哪些行動來引導對方？
- 家人要變成怎麼樣，才會讓我覺得自己已經成長了？
- 要扮演什麼樣的角色，才能協助組織成長？

只要這麼做，就有可能發現其他人看不見的潛力，有時，甚至能找到打破僵

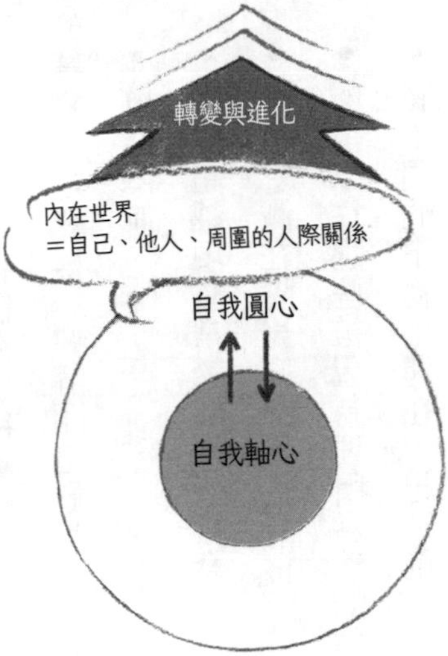

局的突破點。

這樣的結果，可以為你身處的內在世界帶來劇烈的改變，最後就連你身處的那個無形遼闊的世界，也會發生轉變與進化。為了詳細介紹這樣的使命，接下來我們要按照以下三個階段來說明。

- 長期（終身追求的目標）
- 中期（要隨時準備的事）
- 短期（最好今明兩天就開始的事）

長期使命 解除封印

簡單來說，你所肩負的使命如其

名，就是要「解除封印」，並且描繪出通往變革與進化的道路。

解開自身以及內在世界的封印是你的使命，因為這最終攸關於能否解開遼闊世界與時代的封印。

不過，先讓我們在這裡釐清一下何謂封印。封印是「確實存在但卻視而不見的事物」之總稱。要解開這個封印，就意味著達成以下六點：

- 解除限制
- 尋找超越現有常識的全新概念
- 將禁忌攤在陽光底下
- 顛覆以往那些被視為理所當然的價值觀
- 將不同的事物串連在一起，創造出新事物
- 發現無人察覺的可能性

這些事都將由你的靈魂負責。也正因你具備了在不同觀點之間自由切換的能力，所以才會有機會發現新的潛力，解開封印。

當然，這並不代表封印解除之後就要獨自奔走。對於靈魂混合了自我軸心與自我圓心兩種類型的你來說，重要的不是一個人奔跑，而是與身邊的人及伙伴並肩前行，共同解除封印。

中期使命　爬上次元之梯

既然如此，我們平時要怎麼做，才能發現人們尚未察覺的封印與可能性呢？

首要之務，就是解除你自己的封印。

不過，由於你的靈魂類型是屬於混合型，故在解除自己的封印時必須先想到一點，那就是這個開關與解除他人（或周圍）封印的關係牽一髮而動全身。因此，解除自身封印這件事對你和周圍人來說，都是意義非凡的。

那要怎麼做才能「解除自身的封印」呢？答案就是「留意並拆解存在於自我心中的二元論」。

所謂的「二元論」，指的是我們心中那個非黑即白、認為「這是好、那是不好」之類的思維模式。「拆解」的用意並不是要讓兩個對立的概念互相對抗，而是要超越對立，找出最佳答案。

「二元論」根深蒂固的地方代表那裡有一道封印，同時也意味著「可能性」。這種二元論被拆解之後所得到的東西，往往會被認為是簡單的妥協或折衷方案，然而事實並非如此。

關鍵在於「**帶領人們進入更高層次的體驗**」。換句話說，身為解封者靈魂的你，總是能站在比周圍人更高的角度來看待事物。這不是單單為了追尋正確解答，我們還可藉此找到讓事物進化的答案。

讓我們用一個身邊的例子來說明。

倘若你因為「即使盡了全力，卻沒有什麼成就感，又總是身心俱疲」這樣的念頭而心煩意亂，那麼扎根在腦海裡的二元論可能會讓你覺得「努力是好事，享樂是壞事」。

當我們在思考「何者才是正確」時，若只想到「努力才是對的」，這個觀念就會變成你做任何事之前的基準，即便只是稍微休息一下，你也會被一股罪惡感所侵擾。如此一來，內心的困惑非但無法消除，情況也不會有進展。

因此，當你意識到自己陷入這種二元論思維時，我希望大家能先自問：「嗯？真的是這樣嗎？」換句話說，就是要先確認「好好努力真的沒錯嗎？」

我們心中若是萌生「不管有多努力，要是得不到預期的成果那又有什麼意義？」、「既然休息可以提高專注力，何不多休息一下？」、「身體要是因為太拚命而倒下，那就得不償失了」等念頭的話，原本十分極端、過於偏執的二元論就會開始動搖。最後的結論就會是「只靠努力未必是好事」，進而開啟一個新的境界。

接下來，你會進一步思考：「嗯？我到底是為了什麼而努力？」並且從更高的視角來反省過去自己盲目奮鬥的模樣。

這個時候若是糾結於「何謂更高的視角」？或許會讓你想到頭疼。然而，你的靈魂屬於自我軸心與自我圓心的混合型，照理說應該知道怎麼做才是。

「不知道為什麼，總覺得再這樣下去好像會撐不住。」當你心中有這種感覺時，就把它當成是某種徵兆，然後再將觀點從自我軸心移轉到自我圓心，或者反過來就可以了。

假設「努力才是一切」是你的自我軸心，那麼就試著看看周圍的人，或將視線轉向職場上的團隊也可以。比方說，當我們看到自己作為團隊成員之一，因為過於努力而精疲力盡時，心中會有何感想呢？這麼做，團隊成員對工作的動力會提高嗎？組織內的合作會更順暢嗎？

在這種情況之下，說不定你會發現「我覺得努力就是一切！但要是太拚命的話反而會造成旁人壓力」、「我不努力就會失去自己的地位，即使這讓我非常不安，但它是我的問題」，這就是跳脫了二元論思維的狀態。

二元論一旦被拆解，眼前就有可能會看到新的景象。這正是封印解除的狀態。

過去的你，只是靠努力來填補不安，但現在這種做法應該會慢慢改變。

例如，不要用過度的努力來掩飾不安的情緒，而是要記得好好休息。另外，如果你在工作上扮演著提拔某人的角色，那麼，你的做法就會變成「從整個團隊的角度來看，展現自我管理的態度所帶來的正面影響，會比努力的模樣還要好」。

其實，像這樣自我覺察並拆解深植內心的二元論思維，是在平時就值得努力實踐的事。比方說，當你發覺自己有「這是好的，那是壞的」這種想法時，就試著捫心自問：「你確定嗎？」除了從自己出發，還要站在旁人的立場來觀察自己。重點在於反覆地思索。只要這麼做，新的風景就會出現在你眼前。

而另外一點，就是平常就要做好準備，當一個「**不怕困難的人**」。因為你擁有一個不時渴望進化的靈魂。換言之，不管是人際關係或在某些場合，你應該都會選擇站在一個層次比現在更高的地方。

然而，一直努力當然也會累，若要讓你的靈魂繼續充滿活力，我們要記住一點，那就是人生當中有些目標，若不努力就無法達到。如果我們能夠成為一個「不怕困難的人」，遇到關鍵時刻就不會錯過機會。

為了達到這個目標，最重要的課題即是——與「恐懼」建立良好關係（關於這點，留待後續再詳述）。

短期使命

找出問題

要找出問題，就必須以更高的視野來看待世界，並且保持一個無所畏懼的自我。為了達成這個目標，當下的我們能做些什麼呢？讓我來提議幾個方法吧。

1 讓問題明確化

解除封印是你的使命。而被「封印之處」也藏著潛力的種子。

若要培養不斷搜尋封印的敏感度，勢必要讓問題更為明確。例如，像「為什麼我早上老是爬不起來」的個人問題，「最近公司的下屬老是生病」等身旁事物，或者「霸凌情況為何無法解決」之類的重大社會問題都可以。

若你感受到這是與自己切身相關的問題，那就將其分成「似乎可以立即解決的問題」或「需要長期努力才能解決的課題」，或之後再記錄下來也可以。

只要好好釐清問題，就算不想面對，也會留意到它。但這對你來說絕對不是一件負面的事。因為只要問題越明確，就越能掌握到本質──「這裡有封印！」而且還能迅速地解決。如此情況就好比上網搜尋。只要關鍵字越具體，得到的結果就會越明確正是同樣的道理。

2 樂於接納不同的事物

與自己的價值觀完全不同的事物及陌生的感覺，可以為你提供一個超越自我思維的視角。

你的靈魂有一個特質，那就是「一旦吸收與自己不同的價值觀，就會不知不覺地將其轉化為自己的」。嚴格來說，你所感受到的「異質物」已經存在你心中，且有時會被喚醒。

而建議你具體去嘗試的事情，就是到書店買一本平時從來不會挑選的類型書籍。只要這麼做，你的靈魂應該能夠體會到重拾幸福的感覺。

日本搞笑藝人渡邊直美的靈魂也是屬於這種類型。

雖然她以模仿碧昂絲與女神卡卡一炮而紅，但是模仿的對象類型卻與她截然不同。說不定就是這個原因，她那超越原創的表演才會吸引眾人觀賞。

另外，身為一名日本搞笑藝人的她，在國外也相當活躍。就此來看，她說不定已經解除了女性搞笑藝人的形象及日本喜劇演員在海外發展這兩個封印。

3 不需說服觀點不同的人

「解除封印」也意味著超越現有框架，不斷進化的行動。

所以有時其他人可能會跟不上進化的你，對於你的思考方式和做事方法也未必能理解。

倘若現在的你處於這種情況，那就根據你的進化來採取行動吧。也就是說，當別人無法接受你的做事與思考方式時，不一定要說服他們。能夠接納異於自己的事物是我們的優點之一，所以難免也會期待他人也能如此。

但你的使命是追求「變革與進化」。因此，**「對於雙方的進化有所助益」**才是重點。與其一起走在進化的道路上，按照自己的方式前進，讓大家看到我們努力的背影說不定就已經足夠了。

當你有了一條想要選擇的道路，卻有人反對時，不妨轉個念這麼想吧。

適合JM1靈魂的生活方式

關於事業與金錢

事業方面，我們應該會不斷地開拓新領域。

因為我們會秉持著一股熱忱，吸收與自己不同的價值觀與世界觀，即使是不擅長的事情，也會將其轉化成自身的優勢與特色。所以重點在於，做喜歡的事情時一定要竭盡全力克服弱點。

剛才提到的搞笑藝人渡邊直美，她原本英語程度幾乎是零，卻為了以藝人身分進軍紐約而苦讀英語，讓她能繼續在國外大放異彩。

另外，你追求真正有價值的工作歷程，可能會與他人稍有不同。比方說：

● 在投入的感情不多、也沒有打算長久從事的行業裡工作時，結果就這樣不知不覺成為天職

● 試著跳入完全不同的領域之後，突然發現這份工作竟然是天職

也就是說，一旦我們踏上「追尋與自我完全不同的事物」這條路時，就會經歷這樣的過程。

另外，要牢記一點，即使剛起步時，你對一切仍然陌生，但並不代表這份工作不是使命。對你來說，「這份工作是否能夠讓你和周圍的人成長」才是最重要的。或許這已經不再是工作內容的問題，而是與你「投入其中的方式」有關。

以「解除封印」為使命的你，嗅覺比一般人還要靈敏。例如，「這份工作、這個業界將來會有不錯的發展。這裡蘊藏著某種潛力（＝有封印）」之類的嗅覺。只要跟著這個感覺走，就能跳入完全不同的領域之中。

至於財運方面，「進化的需求」或許會讓我們在人生的某個時刻，面對宛如走鋼索般的挑戰。但就整體來說，還算穩定。

既然你所擁有的是一個尋找封印的靈魂，當然會不斷地想要找出問題的本質。如果能夠充分發揮這一點，那麼在投資及開支上就不會造成太多浪費。廣泛學習金融與經濟等相關知識之後，再來正視金錢問題也許會是一個不錯的選擇。

關於人際關係（全面）

你是一個靈魂在自我軸心與自我圓心之間徘徊遊走的人。故看在旁觀者眼裡，通常會難以判斷你這個人的個性究竟是強勢還是脆弱。

從某個層面來看，這兩種個性你都有；但對旁人來說，這樣的你往往讓人難以捉摸。雖然能與周遭人和睦相處，但有時卻不易向人坦誠心意，分享感受。

偶爾，你說不定會陷入「我能建立起真誠信任的人際關係嗎？」之類的疑慮中。甚至無法確定自己到底是討厭人類還是喜歡人類。

但是我們沒有必要否定這些特質，也毋須掩飾。因為你的靈魂可以平等地對待自我信念與他人意志。只要懂得尊重自己的人生，自然就會尊重他人；若明白如何對身邊的人表示敬意，就會為自己感到驕傲。

你建立的人際關係範圍之所以會如此廣泛，是因為希望擁有一個可以讓自己扎根、能夠依靠的地方。

擁有一個能接納自己缺點的安心之所是非常重要的。只要以此處為起點，應該就能擴張成一個讓你成長的地方。不少人的職場就是這樣的地方，因此，你們的靈魂十分適合管理或培育人才。

關於人際關係（愛情與婚姻）

靈魂屬於這種類型的你，對於戀愛中「想要霸占對方的心」這種特有的迷戀，以及「想要被人珍惜」的慾望並不強烈，但這不代表你在人際關係上不會有矛盾與衝突。反過來說，你所意識到的問題其實與他人不同。

「珍惜對方到底是什麼意思？」「要怎麼做才能滿足對方的期望？」這樣的疑問有時會讓你陷入沉思當中。

就此看來，在一對一的戀愛或夫妻關係裡，你似乎會讓人認為得心應手，但說不定在背後付出了不少心思，努力發揮創意。

無論彼此之間有多親近，你非但不會疏於努力，還會全力以赴。只是偶爾會過度傷神，太過小心翼翼，這點要多加留意。

若要培養一段親密關係，前提條件就是找到一個能理解你這種個性的人。儘管他內心嘟囔著「你真傻，根本就不需要這麼努力」，但如果對方是理想的伴侶，就會滿臉笑容，帶著寬容的愛支持你。

要是對方以一種「高高在上」或者「不知道你在想什麼」的態度與你說話，應該會對你帶來相當大的壓力。或許你會試圖讓對方了解自己的想法與立場，不過這樣的體諒，也要懂得適可而止。

能夠幫助你的靈魂類型

靈魂類型屬於「JM2跨越沙漠彩虹」的人和你一樣，是自我軸心與自我圓心的混合型。因為彼此都面臨相似的內心衝突，所以能夠互相理解與支持。若是成為搭檔，互助合作，就能讓事情的進展加倍擴大。而且這樣的合作在工作及畢生事業上帶來的成果也會比私人領域更龐大。

靈魂類型屬於自我軸心型的「J3洞察未來之眼」與「J4睿智之樹」的人，對你來說充滿了刺激，不管是他們平常的活動或個性，都能為你帶來啟發。當你迷失自我的時候，這樣的啟發有可能引導你找到一個良好的出路。

即使對方是歷史上的偉大人物——雖然沒有直接的關連性——你也可以從他們的生活方式中得到人生的啟示。

阻礙人生的「心靈亂流」

- 若無法掌握整個局面，內心就會感到不安
- 害怕困難，無法前進（懷抱恐懼）

如果現在的你處於這樣的心境，就代表你在重返幸福的這條路上只差一步之遙。我把這種情況稱為「心靈亂流」，也就是「幸福明明近在咫尺」，但卻莫名被阻擋在外。

換句話說，當這樣的狀況出現在眼前時，就代表幸福已經近在眼前。那麼，接下來讓我來告訴大家如何度過難關吧。

首先，是面對「若無法掌握整個局面，內心就會感到不安」的時候。你所擁有

的觀點與眾不同。如果其他人是遊樂園裡的雲霄飛車或旋轉木馬，你就是那沿著軌道繞著整個園區跑的「纜車」。

這樣的全景視野能讓你看到哪些遊樂設施大受歡迎、遊樂園裡有哪些問題，說不定還會知道一些隱藏版的人氣景點。

正因為你擁有這樣的觀點，若是無法隨時隨地掌握大量資訊，有時內心就會感到不安。而「資訊不足」就是讓你焦慮的原因。

不過，這裡有一點與你的認知有所偏差，你並不是因為「資訊不足而不安」。事實上你是由於「接觸太多資訊而感到惶恐」。資訊量多代表我們會看到許多課題，一旦知曉這些事，就會體認到「顧此失彼」的道理。

陷入這種不安的你，往往會覺得自己「必須好好掌握資訊才行」，然而你實際上需要的卻剛好相反，那就是——杜絕資訊。

在保持「掌握大量資訊」這項才華的同時，我們也要根據當時的意圖「阻絕多餘的資訊、人脈與課題」。

只要意識到自己的這種特質，不管是在公事或人際關係的調整上，都能夠避免自己因為承擔太多任務而崩潰。

而另外一個，就是先前提到的「害怕困難，無法前進」這個問題。你的靈魂總是會**試圖去追求一些稍微超乎能力範圍的事物**。因此，在挑戰新事物時，你也要具備能夠冷靜應對、不在乎他人反駁的遲鈍心理及忽視能力。

但這卻是你不太擅長的領域。不管是選擇忽視或反駁，都會讓你覺得一定要有一些根據或理論支持才行，所以你才會在挑戰新事物時，耗費大量精力。到頭來，所展現出來的卻是膽小怯懦的行為。

你原本是個只要一看到被封印的可能性就會毫不猶豫向前邁進的人，但有時卻會因為太過慎重而錯失良機，來不及解除這得來不易的「封印」。

舉例來說，假設你從以前就夢想成為歷史小說家，而且也幸運收到出版社邀約，然而要撰寫的內容卻是「與歷史有關的推理小說」，完全不是你所想像的領域。在這種情況之下你可能會退縮，不敢抓住這個機會。

但是那些原本「你不熟悉的異質物」會告訴你封印的所在之處。與其馬上拒絕眼前的這個邀約，不如好好聆聽對方為何會向你提出這個建議。如此做法，是值得考慮的。

對於「撰寫相關主題的書」再怎麼不安，也不可以壓抑這樣的恐懼，甚至當作沒這一回事。因為你的靈魂會懷抱著不安與恐懼，亦步亦趨地向前邁進。久而久之，你便會發現自己其實可以與這份恐懼融洽相處，甚至還能超越恐懼，使其更加昇華。

重拾幸福的重要徵兆

「不經意地表露真實的自我」是你要好好珍惜的徵兆。

靈魂類型屬於自我軸心與自我圓心混合型的你，擁有各種不同的面貌。當你在舞台上扮演不一樣的角色時，也能試著體會觀眾的心情。這些全都是你。只要條件齊全，你就會展現真實的自我，既不是演員，也不是觀眾，神態就和在劇場外的公園午睡一樣泰若自然。

只要記住這個條件，你就會明白自己隨時可以回到原來的自我。

平常總是留意各種可能性的你，若要履行使命，除了讓自己安心，更要毫無防備。**偶爾關掉執行使命的開關也很重要。**這麼說或許矛盾，但正因為關閉了開關，才能更加體會到使命再次啟動的感覺。

因此，真實的自我出現時，是一個非常重要的徵兆。正因為有那段休息時間，重新開啟時才能以「解封者」的身分充滿活力地履行使命。

CHAPTER 12

跨越沙漠彩虹

JM2

從前有位偉大的賢者這樣說道：

「21世紀的人們恐怕會失去憧憬，

也會失去『值得相信之物』。」

他還說，「正因如此，我們才會想要追求，

這樣才能看見新的風景。」

而現在，你那降臨在這個世界的靈魂裡，

已經刻上那位賢者的這番話。

你知道的，即使是失去憧憬、宛如沙漠的世界，

和荒原一樣的心，也能搭起一道希望的彩虹。

在沙漠上搭起彩虹般的生活方式，才能震撼靈魂。

來吧，讓我們搭起一道彩虹。

為每個人，為整個世界。

「跨越沙漠彩虹」的使命

靈魂混合了自我軸心和自我圓心這兩種類型的你，會在自我信念與他人意志之間來回遊走，藉由不同的觀點來改變自己與世界，使其進化。

你的靈魂為何屬於「混合型」呢？因為這樣的靈魂可以在不同觀點之間穿梭，找到無人會發現的希望及可能性。

對你來說，引起變革與進化的契機是「世界、時代、靈性（外在世界）」。「外在世界」是指稍微遠離日常的領域，只要與這些意識連結，就能讓你重拾幸福。

你只不過是在自我軸心與自我圓心之間徘徊，就已經給人一種守備範圍廣泛的印象了。然而，你的靈魂卻依然與遼闊遙遠的世界有所連繫，你的靈魂在這11種

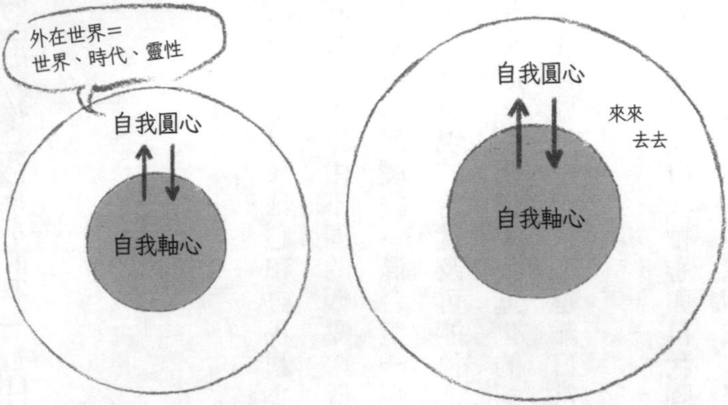

類型當中，會讓人聯想到是世上「守備範圍與可移動範圍十分廣大」的靈魂。

當然，以守備範圍廣泛的靈魂出生的理由，是為了讓自己與世界改變、以達成進化。但並不代表我們要不時地掛念著「世界和平、浩瀚宇宙以及看不見的世界」等等。

擁有這種靈魂類型的人當中，最為淺顯易懂的例子是人稱「Konmari」的近藤麻理惠。她談斷捨離的第一本著作《怦然心動的人生整理魔法》，不僅在日本大為暢銷，還被翻譯成四十多種語言在全球出版。

聽說她從小就非常喜歡收拾東西，

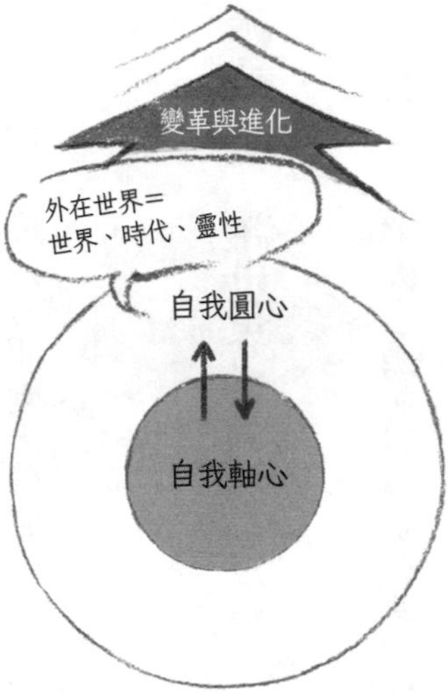

甚至會幫朋友整理房間，結果就這樣發展成了讓她足以「改變世界」的工作。也就是將日常生活常做的事，與廣闊世界的意識連結在一起。但是她不僅是連結，還讓這龐大的意識出現了變化。

對許多人來說，「收拾整理」或許是一件枯燥乏味的事。換言之，這個世界上存在著「收拾整理是一件無聊事的群體意識」。然而，她卻在這個群體意識上架了一道名為「怦然心動」的彩虹（＝魔法）。

當然這只是一個例子，重要的是，你的靈魂和她有著相同的結構。也就是說，你與一個「比常人還要龐大的意識」——也就是「外在世界」緊密連繫。

為了詳述這個使命的內容，接下來我們要從以下三個階段來說明。

● 長期（終身追求的目標）
● 中期（要隨時準備的事）
● 短期（最好今明兩天就開始的事）

長期使命

讓世界重獲意義

對於擁有龐大意識並與靈魂相連的你，已被賦予相應的使命。那就是「讓世界重獲意義」。這是什麼意思呢？

此主題涵蓋的範圍相當龐大，可能不容易讓人掌握到實際情況。雖然難以用三言兩語來說明，但既然它相當重要，就請大家稍微聽聽我的說明。

首先要告訴大家的是，「世界」是人們的集合體，而且人與人的關係決定了世界的品質。

例如，鑽石與鉛筆芯這兩個東西，看起來會讓人以為是完全不同的材料。但驚人的是，它們原本都是由相同的物質，也就是「碳元素」所組成的集合體。

為何會產生這樣的差異呢？原因在於這兩者的成分雖然都是碳元素，但是分子的「結合方式」卻不同。同為碳元素，只要分子之間的關係不一樣，材料的質量就會出現如此大的變化。

讓我們將這種情況換成人類的角度來思考看看。假設發生在某個人類群體的現實狀況是「鉛筆芯」，卻有可能變成「鑽石」。簡單來說，**就算是同一群人，發生的事情也是可以改變的。**

方才提及的近藤麻理惠，就是一個很好的例子，不是嗎？因為她把「收拾整理這種事很無聊」這個集合體，變成「整理東西真有趣」了。

若說「這只不過是提出一個新的價值觀給世界參考」，事情或許就會到此為止。但從靈魂的角度來看，一個人的靈魂所帶來的積極作用其實已經改變了世界。因為這個世界從鉛筆芯變成了鑽石。

我們可以說，近藤麻理惠讓世界知道自己喜愛的事物之後，還有了更多人接受她的觀點。這亦可說是她捕捉到群體所期望的「某個東西」之後，所產生的結果，同時也給「收拾整理」這人人都會經歷的事，一個全新的定義。

個人意識與群體意識便在這裡產生了互動。這是「跨越沙漠彩虹」的人擁有的特色，也就是與群體意識緊密連繫。

換句話說，你所肩負的「讓世界重獲意義」這個使命，是要為存於世界的「某個東西」賦予美好的意義。

這或許能鼓舞失望的人們，也有可能是替虛無的世界染上希望的色彩。而這就是你終生都要致力於完成的課題。

中期使命

為他人的人生賦予意義

既然近藤麻理惠為「收拾整理」找到一個完美的意義，那麼，你也可以為這個世界上的「某樣東西」賦予令人驚嘆的含義。

一切的原點，就是幫助他人找到生活的意義。這不只是單純在激勵他人、提振士氣。而是因為你的靈魂所連結的意識都比一般人還要龐大，所以才有辦法將「世界期望你這麼做」的訊息傳遞出來。如此一來，就可以幫助別人找到生活的意義。這樣的能力應該也能在各種場合大放異彩。

倘若你在工作上扮演著整合人力的角色，有些人說不定會透過「配置人員，讓相關人才將優點妥善發揮出來」的方式，以展現他們的使命。

與群體意識連結的你，在這個情況下，不僅能為公司帶來利益，所屬的公司也會對世界產生正面的影響。所以我們平時最好就努力去「向某人提議如何分派角色或任務」。

如果你是一個正在育兒的母親，與孩子相處的時候，也可以採用這種方式來互動。而且，日常的這份努力也會發展成**「引導每個人感受到自己的存在意義」**。

不管是身為指導者、父母、朋友，還是人生諮詢專家，你應該能透過自己的興趣或熱衷的「某個東西」在他人的生命中架起彩虹。無論你正在從事什麼，都有可能實現這個理念。

與靈性相連繫的你，在處理事情時，偶爾會被一股無形的力量所驅使。同時應該也會覺得，在迎接新世紀的當下，「引導每個人感受自我存在的意義」這個使命是特別重要的課題。

儘管日本是一個先進國家，但近來卻以「幸福度低下」而為人所知。有人認為這可能是因為人們失去了生活的意義，感到空虛所導致的。

的確，不久之前的日本正處於高度成長時期，不管是追求高學歷、大企業還是擁有自己的家，目標都非常明確，而且好壞都有。隨著科技的發展，甚至有不少人想要追求更加理性的生活。

然而，現在追求這些目標已經不再是唯一的正確答案，人生的選擇也變得更加多樣。「什麼才是幸福？」這個答案更是因人而異。

也有人說，日本有許多人之所以失去生活的意義，是因為不知道「人生該信仰什麼」。日本有半數以上的人口沒有任何宗教信仰。若往好處來想，他們可以擁有自己的思想與宗教觀。但另一方面，他們也可能是由於沒有絕對的信仰，才會導致這種情況發生。

在我開始當占卜師的90年代左右，人們大部分的煩惱幾乎都與現實生活中的戀愛及金錢問題有關。即使是現在，這樣的煩惱依舊存在。

然而近年來，卻有越來越多的人明確指出與自身「存在」有關的煩惱，例如「連自己是誰也不明白」、「這個世界有沒有我都一樣」、「想知道活著有什麼意義」等等。

所以你的使命，就是接觸那些稍微迷失意義的群體意識。正因生活在這個時代，你的使命意義才會顯得如此重大。為此，不管眼前面對的是誰，我希望大家都能好好發揮「引導他人感受到自己的存在意義」這個使命。

當然，自己積極主動創造自我人生的意義固然重要，但是你應該要兩者同時進行。**只要尋找他人生命的意義，應該就能找到自己生活的意義。**反之亦然。

至於方法，則是可以發揮各種創意。例如，傳遞出「這個世界是個美好的地方」之類的訊息，或許就能為生活在這個時代的許多人帶來希望。說不定你還會和近藤麻理惠一樣，透過日常來改變人生，讓生活洋溢著光彩，重新找回人生的意義。或者像約翰·藍儂那樣透過音樂及生活方式展現理念，「把愛帶回世界」。

與外在世界（世界、時代、靈性）關係密切的你，對於國外、歷史及靈性相關的問題有時會較為敏感。有些人甚至會留意世界上的重大問題。

此時的你，或許覺得單憑一己之力只是徒勞，但也正因如此，你的靈魂才會試圖觸動更多人的意識。雖然規模和方法因人而異，但總之「讓世界重獲意義」就是你的使命。因此當你心中有以下這些念頭時：

- 想要站在大舞台或群眾面前
- 認為世界上沒有解決不了的問題
- 想要創造出能幫許多人消除壓力的「某個東西」
- 直覺有些東西比所見之物來得重要，還能將這種價值觀融入生活之中

● 努力工作及生活，希望留下有益於後世之物
● 接受並相信自己的影響力

就是你正在發揮使命，走在回歸幸福的道路上。

短期使命 傾聽眾人之聲

也就是引導每個人感受到自我存在的意義。為了完成這個使命，當下的我們能做些什麼呢？讓我來提議幾個方法吧。

1＝豎耳聆聽群體意識（群體無意識）的心聲

在與群體意識連繫的過程當中重拾幸福，是你的靈魂使命，因此，傾聽群體意識對你來說非常重要。這亦可說是「聆聽群體意識的心聲」或者「傾聽眾人隱藏的渴望」。

舉例來說，當有人在社交媒體上「誹謗並攻擊曾經有過外遇的藝人」時，就表面上來看，其實是沒有必要這麼做的。但若將這件事當成日本國民群體意識的心聲來觀察的話，會有什麼樣的結論呢？

你可能會洞察到「啊，日本國民說不定正在找尋發洩憤怒的出口，是什麼讓他們感受到這股壓抑呢？」如此見解，應該會讓你改變所做出的行動。

倘若你也是平常會在社交媒體上發表言論的人，發文時，對於這個尋求管道以宣洩怒火的社會，是否會考量到「什麼樣的內容才能消除憤怒、產生積極正面的影響」之類的問題呢？還是你絕對不會惡意攻擊那位藝人，也不會排擠那些攻擊他的人？

不只看事物的表面，還要聆聽群體的聲音，這就是你的使命。

2 讓睡前找到「今天的意義」再入眠

「讓世界重獲意義」是你的使命。這麼說或許會讓你感到困難，其實未必。

像是「今天早上起床有飯吃就已經夠完美了」。意義這種東西原本就充斥在世界上，不是嗎？只是我們有時會失去活力，迷失它的意義罷了。
所以在一天即將邁入尾聲之前，我希望大家能做到「今天有好好吃飯，好好睡覺。雖然有煩惱，但也是有意義的。啊～又度過充滿意義的一天了」。也就是為今日找到意義，劃下完美的句點。
這是一種超越「對日常生活心懷感激」的生存方式。無論處於何種心境，只要意識到「我們的生命是被賦予的」這個事實，就能夠從中找到人生的意義。只要找到人生的意義，就能以此為核心，賦予世界意義，進而完成使命。

3 ＝ 眺望彩虹的照片

試著上網搜尋美麗彩虹的照片，將其設為手機的待機畫面或電腦的桌面。
因為彩虹是你的靈魂象徵，一定可以讓你想起幸福的感覺。

適合JM2靈魂的生活方式

關於事業與金錢

坦白說，靈魂存在感頗大的你，很難用直截了當的方式道出「你的理想職業是這個，應該發揮的才能是那個」。

事業方面就和剛才提到的近藤麻理惠例子一樣，想要追求「自己想做的事」的人通常可以分為兩種，一種是與群體意識連繫以發揮使命的人，另一種則是除此之外的人。

所以就算你覺得自己好像沒有特別熱衷的事也無妨，因為埋怨自己找不到熱衷的事物也是這個靈魂類型的特徵。

但靈魂屬於這種類型的人，大多是個通才，意指「能夠應付各種事情的人」，與專家相反。正因如此，我們才會有「自己沒有什麼特別想做的事」這種感覺。而這點卻符合「跨越沙漠彩虹」的特質。

通才往往是個可以掌握整個局面，**判斷出「哪個地方需要什麼東西」的人。**這樣的人在企業中通常會負責配置人力、培育人才、建立整體架構之類的工作。如此一來，你的使命就不僅僅是為了自己，還要為世界帶來意義。這樣的你只要與「群體意識」連繫，就能夠成為專家，也可以成為通才。

以像我這樣的占卜師為例，除了立志成為王牌占卜師之外，也可致力於全新的領域，讓占卜術融入其中。

金錢方面，你的靈魂渴望的是一個自由自在、不受拘束的人生，這樣才能隨時掌握自己的方向，擁有適當的財富

不僅如此，你還善於處理大量的資訊，若對理財不太熟悉，也會請教他人，巧妙地解決經濟上的問題，所以毋須太過擔心。

此外，有時你還可以向社會提出新的循環流通及賺取金錢的方式。

關於人際關係（全面）

對於正在讓世界重獲意義的你來說，人際關係其實也至關重要。除了一對一的關係，在與目標一致、志同道合的伙伴以及為社會帶來貢獻的團體組織等群體意識互動的過程當中，你的才華與使命也會充分得到發揮。

基本上，我們在人際關係上是不設限的。私人生活與工作領域通常都不會有明確的界線。工作上的人際關係有時宛如家人，家人之間有時也會像是志同道合的工作伙伴。

然而，私生活充實並不代表工作上的人際關係也同樣順暢。正因如此，與誰往來就顯得更為重要了。整體來說，我們是一個博愛的人。在與他人相處時，即使對方的價值觀及想法與我們不同，依然能夠共度一段有意義的時光。

為了建立一個沒有障礙、健康健全的人際關係，對你來說，最親密的「一對一伙伴關係」就顯得格外關鍵。若想在社會上達到最佳表現，這個一對一的伙伴關係勢必要讓你能安心充電才行。

關於人際關係（愛情與婚姻）

如同剛才所提，一對一的人際關係是你發揮使命的重要基礎。這意味著在面對愛情或婚姻等伴侶關係時你自己也不應該妥協，而且這種一對一的伴侶關係通常是你的人生課題。

當然，這件事充滿了挑戰，而關鍵在於，你能否堅持到底。畢竟為了妥善發揮自己的使命，建立一段出色的伴侶關係是必要的。

在這當中，夫妻關係可說是最顯而易見的。有人說夫婦的關係相映如鏡，有時會讓對方看到自己所面臨的問題。在這種情況之下，我們必須要互相面對自己的課題，而不是把燙手山芋交給對方處理。這也算是在練習達成「讓世界重獲意義的使命」。

假設你身為一名妻子，卻承受著「希望丈夫能更有野心，更明確地表達愛意」之類的壓力。乍看之下，對方改變行為可以解決問題，但我們若是懷抱著期待或指責對方的態度，就代表尚未在兩人之間的關係裡找到真正的意義。

以這個例子來說，一開始我們就知道問題其實並不在對方身上。另一個可能的原因，是你小時候對父親的期待，會不經意地加諸在丈夫上。比方說，希望丈夫和父親一樣無條件地愛你、和父親一樣努力工作並保護你。

但如此一來，不就等於你希望站在眼前的丈夫，扮演著父親的角色嗎？你非但沒有找到他身為一個人的價值，反而還完全忽略了它。解決之道，就是把丈夫當作一般男性來看待，他不是你的監護人，更不是你父親。

這雖然只是一個例子，但在戀愛與夫婦等親密關係中，**「對方願意向我們坦承自己的問題」來面對彼此，才是關鍵所在。**

你的靈魂原本就渴望建立一個平等的伴侶關係，也有能力讓彼此的關係更加美好。因此，當我們遇到這樣的問題時，非但不該試圖控制對方，反而還要專注在自己是否錯失了「平等對待另一半」的機會。

如此一來，就能夠在自己與他人之間的關係中找到意義。

在戀愛方面，你應該也會遇到類似的課題。戀愛中常常遇到的，就是不容易找到理想中的伴侶。在這種情況下，我們不可以盲目尋找對象，而是要改變自己「對異性抱有的印象」以及「對理想伴侶的看法」。

能夠幫助你的靈魂類型

靈魂類型屬於自我圓心型的「M1編織神話之手」，會支持你實現與群體意識連結之後所帶來的某種「具象化」。

倘若你說「想要創造這樣的世界」，那麼對方就會提出相關建議，問你「這樣的步驟如何」，讓你得以向前跨出一小步。

此外，當你快要迷失自己時，只要接觸靈魂屬於「J1內在靈魂結晶」的人所採用的方法，應該就能讓你想起自己的定位。

而靈魂同樣屬於混合型的「JM1解封者」，他與你之間應該可以對彼此的生活方式產生共鳴。當你想要在世界上展現影響力時，這樣的關係可以給你勇氣與自信。不僅容易建立起合作，還能期待帶來豐碩的成果。

阻礙人生的「心靈亂流」

- 再怎麼努力都無法滿足（聖母峰症候群）
- 無法發揮領導能力

如果現在處於這樣的心境，代表你正面臨重拾幸福的重要階段。因為這些狀況就發生在你即將開啟幸福之門以前，但你也有可能放棄推開這扇門。

我把這種情況稱為「心靈亂流」。只要突破這股亂流，幸福就會來到眼前。

首先要提的是「聖母峰症候群」。當然，這只不過是一個比喻，不是指真正去登山。而是你即使已經攻克了某座山的山頂，卻無法滿足於此，一直在生活及工作之間不斷努力，彷彿在告訴大家：「這樣還不夠！我要爬更高的山！」

無論是好是壞，與群體意識連繫的你，都有著無限的可能性，也因此容易陷入「永遠到達不了盡頭」的感覺裡。

好不容易爬上景色遼闊的山峰，卻因為「這種程度不值得感到幸福」的念頭而無心好好欣賞美景，細細體會這股成就感。於是又再加倍努力。

明明成功了，卻無法感受到勝利的喜悅；就算有所成就，也會繼續追逐下一次的成功……感覺此生不斷地在向前奔跑。再這樣下去，終有一天會筋疲力盡而不支倒地。

若是察覺到了這一點，我希望你能多多「享受成就感」。例如犒賞自己，享受一頓稍微豐盛的晚餐；或者舉行一個小小的儀式，稱讚達成目標的自己「怎麼這麼厲害」。如此一來，你就不需要強迫自己繼續爬山。

另外，有些落入「聖母峰症候群」的人，懷有強烈的自我否定意識。

這種感覺就像是「我要是不努力，那就沒有價值」。這樣的念頭有時還會加諸在他人身上，希望旁人也能持續努力下去。

若你納悶「自己為什麼會對周圍的人這麼嚴厲」、「為何我這麼努力卻還是感到空虛」的話，不妨想想自己是不是深陷在聖母峰症候群裡。

同時，我也希望你能好好認同過去的成就，嘉許自己。不要只是一股腦地爬山，好好休息喘口氣也很重要。停下腳步時，更別忘記享受這份成就感。

只要這麼做，眼前說不定會呈現出不一樣的風景。

而另外一股亂流，是「無法發揮領導能力」。

這個問題通常會發生在缺乏當事者意識的時候，也是能觀察整個局面的你容易陷入的情況。

你的靈魂在自我軸心與旁人的自我圓心之間來來去去，搖擺不定，幾乎沒有明確的「自我熱情所在」。加上你的靈魂又是與外在世界這個稍微遠離日常的層次連繫，有時應該會覺得「自我」的存在似乎有些薄弱。

然而，當事人意識不夠強烈未必是壞事，能掌握整個情勢，以俯瞰的視角來**綜觀全局才是最重要的**，這同時也是你的優勢。如果你覺得自己「似乎無法好好發揮領導能力」的話，那就有可能是你過於袖手旁觀，當事人意識過於淡薄所造成的。

在這種情況之下，或許你可以稍微表達內心的熱忱，因為有時某些事物會需要透過你的熱情來領導。

老是覺得「這樣的自己很丟臉、很糟糕」的你，偶爾也會像個血氣方剛的年輕人。然而展現自命非凡的那一面，其實也未必是壞事。

重拾幸福的重要徵兆

「即使許多人感到絕望，也能保持不悲觀」，就是你重拾幸福的重要徵兆。你的靈魂擁有「讓世界充滿可能性」的視角，故對許多人找不到歸屬感、覺得自己身陷困境之這件事未必會感到悲觀。

就算大多數被困在無人島上的人已經感到絕望，你仍能冷靜地相信「事情會有轉機」。

在自我軸心與自我圓心之間來回徘徊的你，當然偶爾也會被周圍的氣氛給吞噬，最後萌生退意，覺得自己「好像做不到」。在這種情況之下，我希望你能想起那豁達樂天的感覺——沒有必要這麼悲觀。這樣的一面必定存在你心中。

而這就是你要好好珍惜的徵兆。我希望你能好好琢磨這細微的感受，深入探究眼前的問題。屆時或許會找到一些對策，甚至察覺到比這個問題還要重要的「某件事」。總之，如果是你，絕對有能力在這片沙漠上架起一道彩虹。

除此之外還有一個重要的徵兆，那就是「偶然看見彩虹的時候」。這也可說是你的靈魂被美麗的彩虹所感動、預示著即將回到幸福、令人喜悅的前兆。

結語

帶你走向明天的「人生意義」

好了，我們已經闡述了靈魂來到這個世界之後可以重拾幸福的11種方法。只要經歷這段可以想起幸福的人生，肉體釋放靈魂的日子總有一天會到來。無論是誰，都會面臨與這個世界告別的時刻。我們該如何看待「死亡」呢？在面對這個終究會到來的「死」，我們又該如何生活下去呢？

提到「死亡」，之前曾經提到我在２０２０年出版了一本名為《忌日占卜》的書，以解讀已故親友與遺留此世的人之間的羈絆。而那本《忌日占卜》，其實正成就了《靈魂占卜》的構想。

現在回想起來，在撰寫《忌日占卜》的過程當中，有幸接觸到約三百位的受訪者與心愛的已故親友訣別的經驗。這些經歷最讓人意外的是，不少人竟然是與「自願結束生命」的人告別。

我提出這樣的看法，並不害怕大家誤解。我認為，他們從未祈求死亡，而是選擇了「讓生活更輕鬆的方法」。

當然，世界上「能讓生活更輕鬆的選擇」絕非只有這個。然而對當事者來說，卻已別無選擇。這讓我強烈感受到，我們必須接受這個事實，而且只有遺族感到心痛是不公平的。既然我們是靈魂的同伴又同為人類，大家對於自殺所帶來的痛楚應該要能懷抱著同理心。

正因如此，身為一個「看不見的世界」的專業人士，我從未如此強烈意識到自己該傳達什麼樣的訊息。

而在這種情況之下進一步得到的答案，就是每個人都要明確擁有「生活的意義」。我甚至還希望活在這個世界的每個人，都要懷著滋養彼此「人生意義」的想法。「意義」越是明確，就越能引導人們走向未來。

也就是說，這個「意義」將成為我們活出明天的動力。不過，這趟漫長的人生旅程可能會讓人疲憊不堪，有時還會在生活的意義中迷失方向，甚至連尋找出路的意志都無法堅持下去。然而就算迷失了方向，只要我們生活在互相照亮對方的世界裡，內心就會倍感踏實。

倘若如此，那麼身為占星術師的我能做的，不就是成為一盞小小的明燈，提供人們一個明確找出生活意義的契機、解開靈魂帶給這個世界的使命之謎，不是嗎？這就是我寫這本書的原因。

當然，每個人在這一生中可以完成的使命或許微不足道。但是如果把每一條線聚集起來，就能夠織成一塊大布。進一步來說，每一條線的力量都不可小覷，因為只要有一條線鬆掉或斷裂，整匹布就會散開。而你就是那一條重要無比的線。如果沒有你，世界可能會輕易地瓦解。我是這麼想的。

不過，生活中總會發生各種事。除了喜悅，還有失望與絕望，孤獨與悲傷。但是你在這個世界上從不放棄「成為自己」的這一點，是絕對不會是徒勞無功的。

你活著的意義，說不定會成為未來某人的人生意義。所以我們不需悲觀，就放手讓自己過得幸福吧。然後盡情感動，盡情享受，時而盡情流淚。在那一天到來之前，先在這世界上安心地做自己，並且好好地持續下去。

就讓我以誠摯的祈禱之心，將這個名為「靈魂占卜」使命傳遞到你身旁。

「編織神話之手」的作者　影下真由子

靈魂占卜

讀懂你的靈魂使命，與真正重要的事物連結，擁有幸福體質

作　者　影下真由子 Mayuko Kageshita

譯　者　何姵儀

責任編輯　李雅蓁 Maki Lee
責任行銷　朱韻淑 Vina Ju
封面裝幀　張巖 Yen Chang
內頁插畫　佳矢乃 sugar
版面構成　黃靖芳 Jing Huang
校　　對　許芳菁 Carolyn Hsu

發 行 人　林隆奮 Frank Lin
社　　長　蘇國林 Green Su

總 編 輯　葉怡慧 Carol Yeh
日文主編　許世璇 Kylie Hsu
行銷主任　朱韻淑 Vina Ju
業務處長　吳宗庭 Tim Wu
業務主任　蘇倍生 Benson Su
業務專員　鍾依娟 Irina Chung
業務秘書　陳曉琪 Angel Chen
　　　　　莊皓雯 Gia Chuang

發行公司　悅知文化　精誠資訊股份有限公司
地　　址　105台北市松山區復興北路99號12樓
專　　線　(02) 2719-8811
傳　　真　(02) 2719-7980
網　　址　http://www.delightpress.com.tw
客服信箱　cs@delightpress.com.tw
ＩＳＢＮ　978-626-7406-07-6
建議售價　新台幣３９９元
首版一刷　２０２３年12月

國家圖書館出版品預行編目資料

靈魂占卜：讀懂你的靈魂使命，與真正重要的事物連結，擁有幸福體質/影下真由子著；何姵儀譯. -- 一版. -- 臺北市：悅知文化精誠資訊股份有限公司，2023.12
368面；14×20公分
譯自：魂占い
ISBN 978-626-7406-07-6(平裝)
1.CST: 占星術 2.CST: 占卜

292.22　　112019489

建議分類｜人文社科